中国工程院院士

是国家设立的工程科学技术方面的最高学术称号，为终身荣誉。

中国工程院院士传记

李乐民传

陈伟 编著

航空工业出版社
人民出版社

内 容 提 要

本书详细介绍了我国通信领域著名专家、中国工程院院士、电子科技大学教授李乐民的奋斗历程。通过本书，读者可以了解李乐民院士在人才培养、科学研究、参政议政等诸多方面的成就，也可以了解出生在国难不断中、成长于新中国的老一辈科学家科技救国、勇于担当、追求卓越的抱负，还能粗略了解电子科技大学创建至今近60年的发展历程。本书还收集了李乐民院士数十位学生、同事和朋友撰写的感情真挚、饱含深情的回忆文章，他们从不同侧面讲述了与李乐民院士交往的点点滴滴，描绘出李乐民院士为人处世、工作生活、科学研究的情况，让读者更加全面、立体地认识这位始终奋战在我国通信科技战线前沿的科学家。

本书适合于通信电子领域广大从业人员和广大关心中国通信事业发展的社会公众阅读，对于通信领域的科研人员具有深刻的启迪意义。

图书在版编目（CIP）数据

李乐民传／陈伟编著. --北京：航空工业出版社，2015.1 （2019.1重印）

（中国工程院院士传记系列丛书）

ISBN 978-7-5165-0641-7

Ⅰ.①李… Ⅱ.①陈… Ⅲ.①李乐民—传记 Ⅳ.①K826.16

中国版本图书馆CIP数据核字（2014）第305701号

中国工程院院士传记　李乐民传

Zhongguo Gongchengyuan Yuanshi Zhuanji　Li Lemin Zhuan

航空工业出版社出版发行

（北京市朝阳区北苑2号院　100012）

发行部电话：010-84936597　010-84936343

三河市金轩印务有限公司印刷　　全国各地新华书店经售

2015年1月第1版　　2019年1月第2次印刷

开本：710×1000　1/16　　印张：17　　插页：16　　字数：253千字

印数：3001—3500　　定价：68.00元

中国工程院院士李乐民

李乐民（后排左2）组织学生去南京实习

李乐民潜心研究、专注学术

李乐民在检查试验设备

光纤电视网络设备

数字电视光纤传输系统

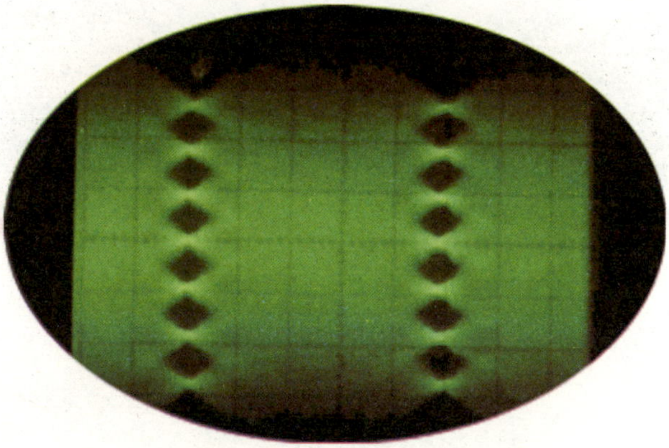

示波器上显示的6个“眼睛”

李乐民（左1）在讲解光纤网络设备（1993年）

李乐民在鉴定会上介绍科研成果（1994年）

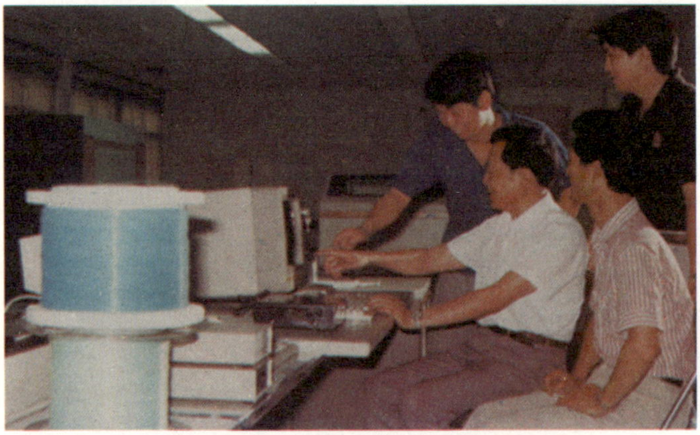

李乐民指导年轻教师

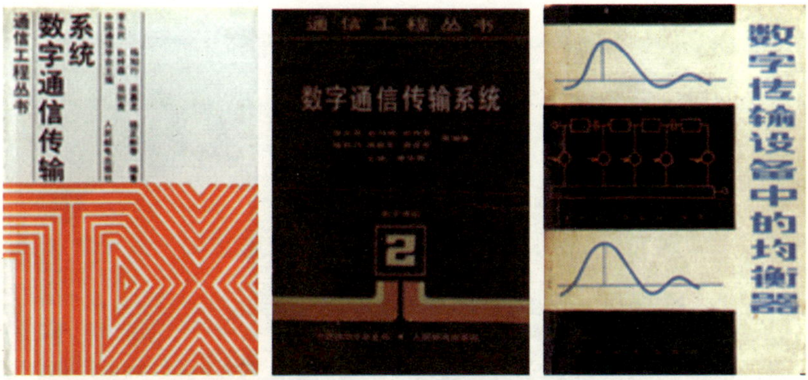

李乐民部分专著

李乐民获得的部分荣誉

工作中的李乐民

美国加州大学圣迭戈分校来自中国的访问学者和大使馆人员合影（后排左1为李乐民，1981年）

李乐民（右3）随学校代表团访问日本富士通公司（1995年）

李乐民在ICCC’91国际会议期间与国际同行交流

李乐民访问德国罗德与施瓦茨公司（2003 年）

李乐民担任 ITST 国际会议大会主席（2006 年）

李乐民出席 2011 中国（成都）国际物联网峰会

李乐民（右 1）在太原参加国家自然科学基金评审会（1993 年）

李乐民（前排正中）出席第八届全国塑料光纤、聚合物光子学会议

2012 年 5 月，四川大学国家空管自动化系统技术重点实验室第一届第一次学术委员会会议，李乐民（前排正中）为学术委员会主任

重庆邮电大学聘李乐民为名誉教授（2007年）

参加全国两会归来接受媒体采访

李乐民宣讲全国两会精神

李乐民与弟弟李悦民

李乐民、李悦民、李慧民三兄妹

李乐民父母与李乐民和弟弟

李乐民与夫人彭水贞

李乐民（左4）参加东吴附中同学会（2006年）

李乐民（前排右2）和在北京工作的高中同学聚会（1991年）

李乐民60岁生日（1992年）

李乐民在家中锻炼身体

2006 年，李乐民夫妇回苏州参加同学聚会

中国工程院院士传记系列丛书

总　序

20世纪是中华民族千载难逢的伟大时代。千百万先烈前贤用鲜血和生命争得了百年巨变、民族复兴，推翻了帝制，击败了外侮，建立了新中国，独立于世界，赢得了尊严，不再受辱。改革开放，经济腾飞，科教兴国，生产力大发展，告别了饥寒，实现了小康。工业化雷鸣电掣，现代化指日可待。巨潮洪流，不容阻抑。

忆百年前之清末，从慈禧太后到满朝文武开始感到科学技术的重要，办“洋务”，派留学，改教育。但时机瞬逝，清廷被辛亥革命推翻。五四运动，民情激昂，吁求“德、赛”升堂，民主治国，科教兴邦。接踵而来的，是18年内战、8年抗日和3年解放战争。恃科学救国的青年学子，负笈留学或寒窗苦读，多数未遇机会，辜负了碧血丹心。

1928年6月9日，蔡元培主持建立了中国近代第一个国立综合性科研机构——中央研究院，设理化实业研究所、地质研究所、社会科学研究所和观象台4个研究机构，标志着国家建制科研机构的诞生。20年后，1948年3月26日遴选出81位院士（理工53位，人文28位），几乎都是20世纪初留学海外、卓有成就的科学家。

中国科技事业的大发展是在新中国成立以后。1949年11月1日成立了中国科学院，郭沫若任院长。1950—1960年有2500多名留学海外的科学家、工程师回到祖国，成为大规模发展中国科技事业的第一批领导骨干。国家按计划向苏联、东欧各国派遣1.8万名各类科技人员留学，全都按期回国，成为建立科研和现代工业的骨干力量。高等学校从新中国成立初期的200所增加到600多所，年招生增至28万人。到21世纪初，高等学校有2263所，年招生600多万人，科技人力总资源量超过5000万人，具有大学本科以上学历的科技人才达1600万人，已接近最发达国家水平。

新中国成立60多年来，从一穷二白成长为科技大国。年产钢铁从1949年的15万吨增加到2011年的粗钢6.8亿吨、钢材8.8亿吨，几乎是8个最发达国家（G8）总年产量的2倍，20世纪50年代钢铁超英赶美的梦想终于成真。水泥年产20亿吨，超过全世界其他国家总产量。中国已是粮、棉、肉、蛋、水产、化肥等世界第一生产大国，保障了13亿人口的食品和穿衣安全。制造业、土木、水利、电力、交通、运输、电子通信、超级计算机等领域正迅速逼近世界前沿。“两弹一星”、高峡平湖、南水北调、高公高铁、航空航天等伟大工程的成功实施，无可争议地表明了中国科技事业的进步。

党的十一届三中全会以后，改革开放，全国工作转向以经济建设为中心。加速实现工业化是当务之急。大规模社会性基础设施建设、大科学工程、国防工程等是工业化社会的命脉，是数十年、上百年才能完成的任务。中国科学院张光斗、王大珩、师昌绪、张维、侯祥麟、罗沛霖等学部委员（院士）认为，为了顺利完成中华民族这项历史性任务，必须提高工程科学的地位，加速培养更多的工程科技人才。中国科学院原设的技术科学部已不能满足工程科学发展的时代需要。他们于1992年致书党中央、国务院，建议建立“中国工程科学技术院”，选举那些在工程科学中做出重大创造性成就和贡献、热爱祖国、学风正派的科学家和工程师为院士，授予终身荣誉，赋予科研和建设任务，指导学科发展，培养人才，对国家重大工程科学问题提出咨询建议。中央接受了他们的建议，于1993年决定建立中国工程院，聘请30名中国科学院院士和遴选66名院士共96名为中国工程院首批院士。1994年6月3日，召开了中国工程院成立大会，选举朱光亚院士为首任院长。中国工程院成立后，全体院士紧密团结全国工程科技界共同奋斗，在各条战线上都发挥了重要作用，做出了新的贡献。

中国的现代科技事业比欧美落后了200年，虽然在20世纪有了巨大进步，但与发达国家相比，还有较大差距。祖国的工业化、现代化建设，任重道远，还需要数代人的持续奋斗才能完成。况且，世界在进步，科学无止境，社会无终态。欲把中国建设成科技强国，屹立于世界，必须持续培养造就数代以千万计的优秀科学家和工程师，服膺接力，担当使命，开拓创新，更立新功。

中国工程院决定组织出版《中国工程院院士传记丛书》，以记录他们对祖国和社会的丰功伟绩，传承他们治学为人的高尚品德、开拓创新的科学精神。他们是科技战线的功臣、民族振兴的脊梁。我们相信，这套传记的出版，能为史书增添新章，成为史乘中宝贵的科学财富，俾后人传承前贤筚路蓝缕的创业勇气、魄力和为国家、人民舍身奋斗的奉献精神。这就是中国前进的路。

宋健

目　录

第一章

漂泊岁月

传说齐天大圣孙悟空大闹天宫，看见什么就打什么。玉皇大帝送给王母娘娘的一只大银盆，也被孙悟空一棒打了下去。银盆从天上落将下来，跌到地上砸了个大洞，形成了一个湖。因为湖是从天上掉下来的，“天”字上面的一横落在下面就成了一点，也就是“太”字，此湖就被名之曰“太湖”。

在美丽的太湖南岸，有个被称为中国江南封面的水乡古镇——南浔。南浔镇位于浙江省吴兴县（现浙江省湖州市南浔区），古镇枕河而居、沿水为镇，堪称江南水乡的市镇典型。

如画的南浔古镇

南浔自南宋淳祐末年（1252 年）建镇，就以蚕桑种植和家庭手工缫丝闻名于世，“水市千家聚，商渔自结邻”，商品经济十分发达。史书记载，南浔“耕桑之富甲于浙右，土润而物丰，民信而俗朴，行商坐贾之所萃”。

1842 年，没落腐败的大清王朝在第一次鸦片战争中败北，被迫签订了丧权辱国的《南京条约》，上海等五地被辟为通商口岸。这一“数千年未有之大变局”，使得中国社会发生巨大变化，一步步滑向半殖民地半封建社会的深渊。

南浔“因祸得福”，凭借独特的蚕丝产品和优越的区位优势，成为湖丝贸易的重要集散中心，在全国生丝出口贸易中占有举足轻重的地位。有关资料显示，道光二十七年（1847 年），上海口岸蚕丝出口总数为 21176 包，其中南浔出口数为 13426 包，占出口总数的 60%以上。

产自南浔镇辑里村的“辑里湖丝”是丝中极品，以“白、匀、细、圆、韧”享誉中外。1851 年，在英国伦敦首届世界博览会上，“辑里湖丝”成为唯一参展的中国商品，一举获得维多利亚女王亲自颁发的金银大奖，成为中国第一个获得国际大奖的民族工业品牌。1915 年，在美国旧金山举行的巴拿马世界博览会上，“辑里湖丝”再获大奖。

在摇摇欲坠的清朝末年，有学者称“整个湖州城，不及南浔半个镇”，将因商业发展而新兴的南浔与传统古老的行政中心的湖州，做了鲜明对比，也概括地表明南浔镇在湖州地区的经济地位。

孙中山宣誓就职中华民国临时大总统的第二天，就曾正式宣布南浔镇升级为市，可见南浔之巨富，商品经济之发达。

南浔因经营蚕丝贸易而成为富豪者达数百家，他们所积累的财富少则数十万两白银，多则达千余万两白银之巨，在江南各镇中首屈一指。如果在当时给全国的富豪们搞个排行榜，估计南浔籍的不在少数。这些富豪们除致力发展蚕丝外贸，还染指盐业、铁路、房地产、典当业、银行业等，在长江三角洲一带叱咤风云、呼风唤雨，被上海滩的商人们称之为“南浔帮”。

700 多年来，南浔镇上“书声与机杼声往往夜分相续”，崇文重教之风绵延不绝，因此又有“诗书之邦”的美誉。明代时有“九里三阁老，十里两尚书”之说，据宋、明、清三朝统计，南浔籍进士多达 42 人。

南浔辑里湖丝馆内展示的工业化时代的绸缎织机

近代以降，南浔人才群体崛起的现象更为世人所称道，如体育家教育家徐一冰、著名作家徐迟、著名船舶工程专家潘镜芙、新中国飞机设计事业奠基人徐舜寿、中国航天四老之一屠守锷、中国治蝗第一人邱式邦、原北京大学校长张龙翔、燕京大学校长陆志韦、中山大学首任校长和中央大学首任校长张乃燕等。群星闪耀，南浔人在中国近现代人才画廊里格外引人注目。

地因人传，人因地传。更让人吃惊不已的是，小小的南浔镇上竟然出了8位院士，成为名副其实的“院士之乡”。这其中，就包括我国著名通信专家、中国工程院院士、电子科技大学教授李乐民。

李乐民祖上只是南浔镇上一户普通人家，既不是钟鸣鼎食之家，也没有博学鸿知之士。李乐民爷爷李诵先是个小学教师，被乡亲们称之为“秀才”，在镇上也颇受尊重。

李诵先虽说只是个小学教师，他的两个儿子却相当地出人头地，十分了不起。大儿子李庆贤是南浔少有的“海归”博士，在美国喝过好几年的洋墨水，回国后在东吴大学做教授；小儿子李庆杰是著名的协和医科大学的高材生。

李诵先在南浔出了名，两个有出息的儿子也时常成为乡亲们教育孩子的榜样，左邻右舍时常向李诵先探求教育儿子的经验。

李庆贤就是李乐民的父亲，土生土长的南浔人，1902 年出生在浔东洗粉兜。李庆贤自幼勤奋好学，南浔高等小学毕业后，于 1916 年考取苏州东吴大学的预科，1925 年毕业于东吴大学理学院，因成绩突出，被接纳为国际斐陶斐荣誉学会会员，并留校任教。

1928 年，李庆贤荣获美国洛克菲勒基金会奖学金，赴美国伊利诺伊大学深造，专攻物理。李庆贤在伊利诺伊大学潜心研究低温磁学，他通过独特的试验设计和精密观测，发现了磁铁矿石在低温条件下磁性的突变现象。他把研究成果写成论文，发表在 1932 年 6 月出版的美国《物理评论》杂志上，为当时国际物理学界所公认，得到各国研究者的交相赞誉。

李乐民（中）随父亲（左 1）参加东吴大学毕业典礼（上海，1945 年）

李庆贤的论文引起了国际上许多学者对低温时磁性研究的兴趣，为现代磁学的发展做出了贡献。苏联著名磁学专家冯索夫斯基在他所著的《现代磁学》中，多处引述了李庆贤的研究发现，肯定了他所得出的结论。日本物理学家、磁学专家近角聪信教授所著的《磁性物理》中，指出李庆贤是观察到"通过这一转变点时的磁冷却效应的第一人"。

1931 年，李庆贤获得哲学博士学位，毅然放弃了留在伊利诺伊大学继续进行研究工作的机会。在美国的几年，他的心里满满装着的是大洋彼岸的祖国。他是多么渴望早日回到战乱频频的中国，用自己的所学回报祖国。于是，他接受母校的召唤，回到东吴大学任教。

成立于 1900 年的东吴大学，由美国基督教创办，是我国第一所西制大学，也是民国时期著名的教会大学之一。东吴大学和这些教会大学一样起点都很高，在体制、机构、计划、课程、方法乃至规章制度等诸多方面，更为直接地引进西方近代教育模式，在中国教育近代化过程中起着某种程度的示范与导向作用。

1930 年的东吴大学设有文、理、法 3 个学院，12 个学系。东吴大学在教学方面积极筹款推动学术研究、加强师资阵容提升教学品质、推动师生以其专业服务社会。20 世纪 30 年代初，东吴大学学生人数近 800 人，位居全国教会大学前列。校园内主要建筑设施均在此阶段建成或动工。

此时的东吴大学急需延聘各类人才，毕业于东吴大学的李庆贤对祖国、对母校念念不忘。他怀着一颗感恩的心，很想将在美国学到的全部知识奉献给祖国，但是残酷的现实把他的理想击打得粉碎。

当时的中国内忧外患、民不聊生，高等教育十分落后，要在国内搞科学研究，无异于天方夜谭。科研条件十分简陋，连一间像样的实验室都找不到。李庆贤也无法取得实验中所需要的晶体材料和必需的低温设备，他不得已中断了他已经取得成绩的低温磁学的进一步研究。壮士扼腕，回国后的李庆贤最大的痛苦，莫过于不能从事自己心爱的科研工作。

东吴大学校门

挚爱的科学研究搞不成了，李庆贤便将全部精力投入到人才培养上，强国必先强教。他想，总有一天中国会有和美国一样的实验室，会做出一流的科学成就的。他把希望寄托在学生们的身上。

李庆贤当时担任东吴大学物理系系主任，负责筹建物理系。物理系创办伊始，工作千头万绪。他全力以赴，筹划课程、添置仪器设备、聘请教师。经过他的多年努力，物理系达到一定规模，教学水平在华东地区教会学校中也名列前茅。

一切走上了正轨，但在正轨上运行没多久，就受到了外来强力的阻止甚至摧毁。从 1937 年起，日本侵略军侵入华东地区。东吴大学校舍被日军占领，图书与设备大多毁于兵燹，学校分散内迁。

李庆贤先随学校避难于安徽南部山区，后入上海租界，继续坚持教学工作。

此时，不仅教学条件十分困难，学生人数骤然下降，连教授出入租界也不甚安全。李庆贤没有消极避世，他坚信蕞尔岛国征服不了泱泱华夏，四万万同胞断没有臣服于倭人之下的可能。他每天在日本人刺刀的寒光中出入租界，坚持教学工作，“教育救国”的梦想一直没有熄灭。

抗日战争胜利后，东吴大学仍在苏州复校，因沦陷期间校舍被日军占用，遭到严重破坏，仪器设备荡然无存。为节省经费，李庆贤创办了一间仪器修配工场，修旧利废、创制教具，基本上能满足本校基础物理实验需要。苏州解放后，李庆贤仍留校执教。

1952 年，全国高校院系调整，东吴大学改为江苏师范学院（后又改为苏州大学），李庆贤受聘为教授兼物理系主任。李庆贤积极参加思想改造运动，拥护社会主义新中国。1956 年 5 月参加九三学社。

李庆贤满腔热情地投入到新中国高等教育事业的建设中去。1958 年，他奉命前往南京参加重建南京师范学院物理系。他还创办了一所电机制造厂，为师生提供了实习场所，并担任基础课的教学任务，培养了一批又一批社会主义现代化建设急需的高素质人才。

1958 年的一天，下班回家的李庆贤满脸笑容，明显异于往常。

“什么好事，那么高兴？”妻子金羡贞问。

李庆贤笑而不语。

“是乐民来信了？”

他微笑着摇头。妻子又猜了几回，还是没有猜对。

“我入党了！”他激动而大声地对妻子说。

“真的？”妻子有点不相信，因为 1957 年的“反右”还让她心有余悸。直到李庆贤坚定地说“真的！”的时候，她才完全相信。

是啊，一个“资产阶级教授”能够得到组织上的信任，加入光荣的中国共产党，能不高兴吗？

“文化大革命”期间，李庆贤曾因莫须有的罪名被诬，受到冲击，身心遭受严重摧残。虽然身陷囹圄，他却不抛弃、不放弃，相信一切都会过去的，他对党充满信心。忍辱负重的李庆贤终于迎来了黎明，拨乱反正以后，继续担任南京师范大学物理系主任，重新走上他钟爱一生的讲台。

1982 年 12 月，中国物理学会成立 50 周年纪念会上，对从事物理工作 50 年以上的科学家颁发奖章和荣誉证书，李庆贤是全国 65 位获奖者之一。

李庆贤手执教鞭到生命的最后一刻，把三尺讲台作为毕生的事业，而非谋生的职业，可谓是师者楷模，于今风范犹存。

李庆贤曾说，“我是千千万万教师中最普通的一个”，当他这样向人们述说自己时，人们无不向他报以尊敬之情。年过八旬的他，还将自己每年讲课的笔记整理成《大学物理自学丛书·力学》出版。

父亲一辈子献身高等教育事业，给李乐民以巨大影响，这也是他为什么选择留在学校当老师的重要原因。

李庆贤对子女从不言教，只用身传，于无声处给子女春风化雨般的熏陶。李乐民兄妹三个人的教育处于一种“无为而治”的状态，不强迫他们做自己不喜欢的事，完全按照他们自己的兴趣自由发展。

虎父无犬子，他们几个也都很争气：长子李乐民成为中国工程院院士，八十高龄还在科学的道路上奔跑前进；二子李悦民是南京师范大学生物系教授，已经退休的他退而不休，近年来一直在一家少儿杂志做动物学科普的专栏作者；小女李慧民毕业于北京大学物理系，是上海一研究所的高级工程师。

父母、李乐民、彭水贞、女儿、弟弟、弟媳、妹妹（后中）1960年于南京

1932年是农历壬申年，世界性的经济危机席卷全球还没有完全结束，中国的宿敌日本在经济大萧条中遭到重创，急需开拓海外以获得充足的原料、劳动力和销售市场。在这种危机解决思路的指导之下，加紧侵华步伐成了“东洋人”的不二选择。

国民政府治下的中国依然多灾多难、金瓯破缺，人民生活在水深火热之中。一年前的“九一八事变”致使东北三省沦为日本的殖民地。1932年元旦刚过，日本人攻占了东北重镇锦州，短短6个月时间，东北三省就全部沦入日本人之手。不反抗、不拿起武器就要灭亡，只有强者才能生存。

“我的家在东北松花江上，那里有森林煤矿，还有那满山遍野的大豆高粱……”唱着这首流亡曲的东北人民深深地体会到了亡国奴的切肤之痛。

国民政府的不抵抗政策助长了日本军国主义的嚣张气焰，他们将膏药旗从东北插到了东南沿海，开始大举进攻上海。上海是当时东方最大的经济、金融中心和贸易港口。丧心病狂的日本帝国主义公然违反国际公法，用达姆弹向上海发动进攻，并疯狂轰炸同济大学、复旦大学等非军事目标，此即震惊中外的上海“一·二八事变”。

“一·二八事变”中的十九路军敢死队

不可一世的日本军队遭到了中国军队的顽强阻击。国民革命军第十九路军在军长蔡廷锴、总指挥蒋光鼐的率领下，同仇敌忾，奋起抵抗、英勇作战，打出了中国军人的不屈和血性，也狠狠打击了日本人的嚣张狂妄。

同时，上海的日资工厂工人举行抗日同盟罢工。社会各界人民组织反日救国会，纷纷参加抗日义勇军、运输队、救护队等，以各种形式支援前线。

中国军队在全国人民支援下士气高涨、浴血奋战，连续击败日军多次进攻。日军不得不三易主将，数次增兵，但还是死伤逾万，受到沉重打击。但是，国民政府继续执行不抵抗政策，对日本人妥协退让，也不增派援兵，中国守军寡不敌众，防线最终被日军突破而被迫撤退。

在英国、美国、法国、意大利等西方列国的调停下，中日双方走上谈判桌。1932 年 5 月 5 日，中日双方签订《淞沪停战协定》。

根据协议，日本军队可以长期留驻吴淞、闸北、江湾引翔港等地，而中国军队却不能在上海周围驻所设防。消息传来，举国上下莫不痛心疾首。

战争的硝烟弥漫了上海周边地区，生活在距离上海120余千米的江南小镇南浔的人们也时刻关注着时局的变化，十九路军的英勇抗战让他们振奋万分。战事扩大，轮船停航，南浔没有报纸。他们利用镇上唯一的无线电收音机，收听和记录新闻，办起《南浔无线电消息》简报，关注战争的最新进展。人们还将南浔水蜜桃装运上海，慰劳前线抗日战士。

这时，在东吴大学任物理系系主任的李庆贤教授，从苏州回到了家乡南浔。他的妻子金羡贞已经怀胎十月，而立之年的李庆贤即将要做父亲了，这让他既万分紧张，又无比兴奋，更多了些许的担忧。战火纷飞的多事之秋朝不保夕，过了今天谁又知道明天是什么样的呢？

李庆贤回到南浔的几天，家里宾朋满座。乡亲们不时询问这位留美博士，日本人会不会打过来？什么时候打过来？我们能打赢日本人吗？美国人会帮我们打日本人吗？国联会主持公道吗？李庆贤常常苦笑着不知如何作答，他也无法回答。

1932年5月28日，李庆贤正和几位南浔高等小学的同学喝茶。李庆贤父亲从家里跑过来上气不接下气地说：生了，一个大胖小子。

李庆贤起身作别同窗，慌慌张张往家里跑，抱着刚刚出生的儿子，他乐开了花，脸上的愁云也散去了许多。近日来一直笼罩在李家的紧张、焦虑和不安，随着这个新生儿的一声啼哭，也烟消云散了，迎来的是一片喜气。

“庆贤，给孩子取个名字吧！”虚弱的妻子对他说。

“有朋自远方来，不亦乐乎！”李庆贤看儿子生得面如冠玉、目若晨星，不禁念起孔夫子的话来，“就叫乐民吧！”

中国有着独特的姓名文化，给子女取名字，往往寄托着长辈对晚辈的殷切期望。苏洵给儿子苏轼、苏辙取名字颇费苦心。为此，他还专门写了篇散文《名二子说》，来解释“轼”“辙”的微言大义。

“乐民”，在这个炮火纷飞的动乱岁月中，也只能是一种美好的愿望了！人民的快乐幸福，是无法在半殖民地半封建社会的旧中国享有的。在社会主义新中国，李乐民享有了快乐幸福，并且投身通信领域的研究，为我国通信事业的发展殚精竭虑，为人民享受便捷的通信做出了自己的贡献。

李乐民出生后不久，李庆贤就将他们母子俩接到了苏州。一年后，李庆贤的次子李悦民出生。他们全家都住在东吴大学里面，妻子金羡贞在家带两个孩子，李庆贤就全身心地扑在工作上。一家老小的吃喝拉撒睡都得靠李庆贤一个人撑着，让这位留洋博士感到压力巨大。

每天，当妻儿还在睡梦中的时候，李庆贤已经早早起来，准备一天的工作。每次走出家门的时候，他都会看几眼熟睡的孩子们，心里默念着你们要乖点，听妈妈的话。李庆贤经常是囊中羞涩，虽说不富裕，但偶尔还是会给李乐民兄弟俩买些玩具回来，怜子之心溢于言表。

有一天傍晚，李乐民和弟弟正在家门口玩，等爸爸回家吃晚饭。突然，两个大大的吹气娃娃出现在他们面前，他们抬头一看：“爸爸回来了!”两个小家伙抢过吹气娃娃高兴坏了，喊着爸爸真好、爸爸真好!

看到两个儿子天真烂漫的嬉戏，李庆贤一整天的劳累都抛到九霄云外去了。可爱的孩子，贤惠的妻子，让李庆贤倍感温馨。

妻子金羡贞善良节俭、操持家务，她对孩子们关怀备至，和孩子们说话总是和风细雨，更是从不打骂孩子们。每天晚饭后，她就把孩子们哄到一边，或带孩子们玩耍或给他们讲故事。以便丈夫一个人在家好备课、批改作业等。盛夏的晚上，孩子们在她宽大的蒲扇下安然入睡后，她才拖着疲惫的身躯去休息。

李乐民和弟弟在苏州东吴大学宿舍旁（1936 年）

有了这位贤内助，李庆贤才能腾出精力一心一意工作。在李庆贤的主持下，东吴大学的数理系改为物理系，建系之后的各项工作也都如李庆贤预想的一样走上了正轨。但是，平静的生活不久就被打破。蓄谋已久的日本人在北平策划“七七事变”后，又在南方再造事端，上海这个远东炸药桶终于被引爆。

豺狼横行，国之将倾。1937 年 8 月 9 日，驻上海日本海军陆战队中尉大山勇夫率士兵斋藤要藏，驾军用汽车强行冲击虹桥中国军用机场，被机场的中国卫兵击毙。事件发生后，中国上海当局随即与日方交涉，要求以外交方式解决。但日军无理要求中国军队撤离上海、拆除军事设施，并立即向上海增派军队。

8 月 13 日，日军便以租界和停泊在黄浦江中的日舰为基地，对上海发动了大规模进攻，这就是“八一三事变”，揭开了为期三个月之久的“淞沪会战”之序幕。中华民族到了最危险的时候。

据战后统计，中日双方共投入一百多万兵力，在海陆空全方位交战。中国军民浴血苦战，粉碎了日本“三个月灭亡中国”的狂妄计划，并争取了时间，从上海等地迁出大批厂矿机器及战略物资，为坚持长期抗战起了重大作用。

上海战事再起，毗邻的苏州亦成为抗战的前沿阵地。11 月中旬，日本占领上海，并沿长江一路西进，苏州不久也沦陷于日本人之手。

李庆贤所在的东吴大学开始迁校复课工作，寻找一个可以安放一张平静的书桌的地方，以躲避日军飞机的轰炸。

东吴大学大学部迁往湖州东吴三中（即东吴大学湖州附中）上课，东吴大学苏州附中迁到南浔镇借邱家祠堂上课，李庆贤以桑梓关系，兼顾两地校务，并兼附中物理课。

小小年纪的李乐民回到了家乡南浔，每天生活在战争的恐怖里。每当听说日本飞机要来轰炸，他就和弟弟躲在桌子底下。有时一躲就是大半天，蹲得双腿发麻。呼啸而过的日本军机，像是面目狰狞的魔鬼在狂笑。

到处都在传说日本人要到南浔来，街头巷尾议论着东洋鬼子见人就杀、见房就烧，烧杀抢掠、无恶不作。他们妄图以烧光、杀光、抢光的三光政策，摧毁中国人的抗战意识，从而征服中国。

日本人即将占领湖州，南浔也不能待了，李庆贤不得不再次携家逃难。“一国尽乱，无有安家”。李庆贤和东吴大学的部分师生撤退到安徽南部的黟县坚持办学。

李庆贤一家人从水路经新安江，坐船前往安徽黟县。

李庆贤站在船头，看着清澈见底的湖水里各种各样的鱼儿在欢快地游玩，全无船上逃难之人的烦忧，他是多么的羡慕啊！自己 5 岁的长子李乐民、4 岁的次子李悦民，还有刚满周岁的小女李慧民，为了“苟全性命于乱世”，不得不四处逃奔。

“宁做太平犬，不做乱离人”。每每想到这里，他就不住地摇头叹息：国之不幸，亦家之不幸！

李庆贤他们要去的黟县地处皖南山区西部，因黟山（黄山）而得名。在黟县的时候，李庆贤和妻儿等住在一间小屋，加上刚满1岁的小女儿，5个人挤在一张床上睡觉。舟车劳顿加之卫生条件差，李庆贤腿上生了脓疮。李悦民挨着他睡，小孩子睡觉滚来滚去的，常不小心把疮踢破。李庆贤常常从睡梦中痛醒，而后就再无睡意了。

白天，李庆贤去学校上课，金羡贞在家带小女儿，李乐民和李悦民已能调皮地到处跑了。虽然农村在鲁迅的笔下是衰败而萧条的，但是在李乐民的眼中则不同。他对这个完全迥异于苏州和上海的世界产生了深厚的兴趣，绿色的郊野、色彩斑斓的植物、各种各样的小动物等等，如同美丽的童话世界。他和弟弟常常去附近的山上抓松鼠，有时还从清澈见底的小溪边捡回五颜六色的鹅卵石，逗妹妹玩。

一同前来黟县避难的程小青、周瘦鹃和东吴大学的教授们，常常聚在一起，秉烛长谈国家时局，抒发对日寇侵略下生灵涂炭的不满和愤恨。

1937年的冬天特别阴冷，12月13日，南京被日本人攻破。日本华中方面军司令官松井石根和第6师师长谷寿夫指挥日军在南京城进行了40多天的血腥屠杀，集体枪杀、活埋、刀劈、火烧等惨绝人寰的手段无所不用其极。

千年古城南京的三分之一被日军纵火烧毁，满目疮痍。南京城里到处是尸体，“江边流水尽为之赤，城内外所有河渠、沟壑无不填满尸体”。南京成为真正的人间地狱、一座死城。

虽然处江湖之远，虽然位卑言轻，但程小青他们未敢忘忧国之事。在这些知识分子看来，首都南京被日军占领是迟早的事，但是他们万万想不到，丧尽天良的日本人会屠杀我30多万手无寸铁的平民百姓和放下武器的军人。日本人原想以此逼中国人低头，但他们错了。“血债终究要用血来还的”。

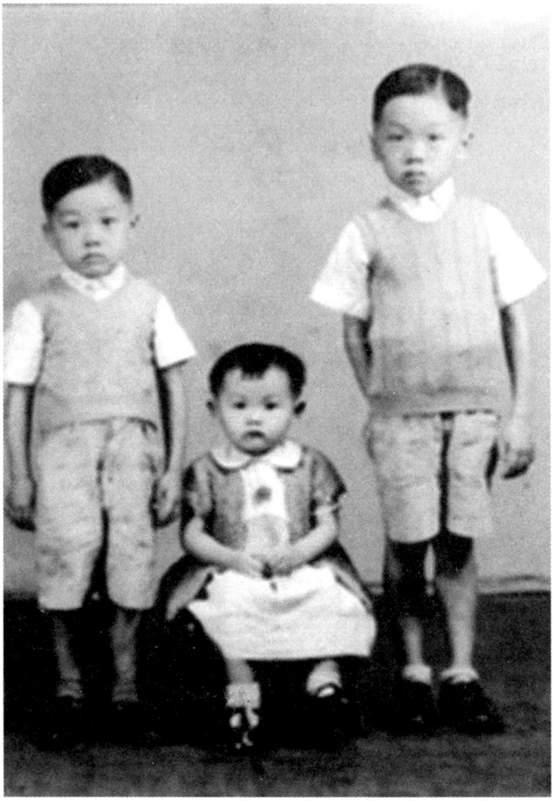

李乐民和弟弟、妹妹

在上海做律师的大舅舅告诉他们，呆在安徽也不是长久之计，劝他们早点来上海租界。在公共租界里，日本人毕竟也不敢太胡作非为。恰好李庆贤在上海的银行里存了些钱，回上海可以租个好点的房子，一家人的生活还是可以勉强维持下去的。

安徽的黟县农村也并非“不知魏晋、无论秦汉”的桃花源，在外敌入侵的乱世中也找不到这样的桃花源。

1938 年年初，李庆贤一家历经艰辛，辗转迁回上海。此时的上海已经沦陷于日本人之手，只有公共租界还在西方列强控制之下。四面都是沦陷区的上海租界成为著名的“孤岛”。

不久，东吴大学的部分专业开始在上海租界里复课。李庆贤披星戴月地在多所教会大学和私立大学教书挣钱，维持一家人的生计，李乐民有时一整天都看不到父亲。

回上海后，李庆贤租了一个位于三楼的房间。李乐民和弟弟、妹妹三个人在家里打打闹闹，吵得楼下的人意见很大，房东就下了“逐客令”，让他们搬家走人。

“孩儿们，我们去换个大一点的好房子，怎么样？”从不责备子女的李庆贤笑着对李乐民他们说。

“好！”小乐民低着头答应，似乎有点懊悔，以后就很少和弟弟、妹妹打闹了。

李庆贤在法租界的辣斐德路（现复兴中路）810A 找了一栋独门独户的房子。一楼是客厅，二楼是卧室，一楼半是个小阁楼。客厅不能睡，阁楼又小，一家人只能挤在二楼的卧室，三个床铺几乎占满了整个卧室，五个人睡起来还是很拥挤。后来祖父来了就更加拥挤了。

祖父在家无事，有时带李乐民去法国公园（现复兴公园）玩，有时也去离他们家 200 余米远的跑狗场—— 逸园跑狗俱乐部消遣。这个俱乐部是旧上海有名的三大跑狗场之一，也是有名的赌场。在另外两家跑狗场被取缔后，逸园赛狗的场次有所增加，达到每周举行四天、每天赛十多场。

每场赛狗比赛一般有六条狗出场，比赛开始前，狗被关在铁笼子里，外面标着名字和号码，赌客们可以任意选购狗票。祖父有钱的话就会买几张狗票，然后带着李乐民坐在大看台上，和其他赌客们一样，给自己买的狗呐喊助威。祖父喊“一号加油”，李乐民也跟着喊“一号加油”；祖父喊“六号加油”，李乐民也跟着喊“六号加油”。

按照赛狗规则，如果赌中了可以赢少则几十块、多则三四百块钱，但是这种机会是少之又少的，李乐民就从来没有看到祖父赢过。

李庆贤是从来不进跑狗场的—— 没有时间去看，也没兴趣去看。他整天早出晚归，除了在大学教书外，还在中学兼课并当家庭教师，以贴补家用。由于劳累过度，李庆贤有一次下班回家还晕倒在路上。

在日本人的统治下，李乐民一家吃的是配给米和苞谷粉。米很碎，日本人又故意在米里掺了沙子和碎石。李乐民就经常帮母亲把米放在桌子上，然后从中将沙子和碎石一粒粒地拣出来。在他幼小的心里，已经感受到弱国受欺辱的滋味，“东洋鬼子太坏了!”他好想快点长大，拿起武器将侵略者赶出神州大地。

日子在孩子们眼前，总是飞奔着过。李乐民转眼就到了上学的年龄，这一年的9月，李庆贤和妻子商量将儿子送到哪所学校读书比较好呢？上海著名的私立位育小学进入了他们的视野。

位育小学成立于1931年。当时，实业界、教育界人士穆藕初、黄炎培、江问渔、杨卫玉等人痛感国难日深，认为必须从教育入手，巩固国本，决定创办一所小学。这就是著名的私立位育小学，校名取自《中庸》“天地位焉、万物育焉”中的“位”“育”二字。

位育小学第二任校长杨卫玉曾经说过，位育的教育重质不重量，每级学生不超过30人，重身心发展，不徒重读死书。位育小学的课程充实、教学有方，教学质量在上海有口皆碑，每个新学期都有很多家长带着孩子来报名。

曾任国务院副总理的邹家华5岁被送到海星小学去读书。读到五年级时，他听人家说位育小学是怎样怎样的好，心里非常羡慕，拼命地同母亲吵闹，母亲没办法只好送他去位育小学。

1937年6月的《位育校刊》第四辑里，有篇名为《我们的位育》的文章，是邹家华写的。他在文章里说：“每新学期开始，许多小朋友争先恐后地来报名，结果因教室狭小，不能尽情地收纳，只好败兴而回。近年来，学校当局有鉴于此，特由校董会决定在拉都路、西爱威斯路口，再建造新校舍一所。”

父母宁可生活艰苦点，在孩子的教育问题上绝不马虎，不让孩子失去受良好教育的机会，这是中国人的传统。李庆贤和妻子相信，知识可以改变一个人的命运，成就一个人的未来。他们省吃俭用，把李乐民送到了这所沪上有名的小学。

由于在家一直说南浔话，6 岁的李乐民到了学校后不能完全听懂上海话。在国语课上，李乐民也是一头雾水——他听不懂国语。让他感到高兴的是，老师和同学们没有笑话他，而是很有礼貌地教他。李乐民慢慢地适应上海的环境后，不久就能应用自如地用上海话和国语进行交流了。

位育小学的老师上课时十分严肃，下课时和学生打成一片，如母子兄弟。凡到过位育的学生，没有一个不说位育功课认真，也没有一个不说位育的老师可爱。这样的学习环境让李乐民感觉学习很快乐，对学习充满了兴趣，每年考试都是年级第一。小学三年级的时候参加学校组织的演讲比赛，他动情的演说使他夺得年级第一，成为全校六个优胜奖获得者之一。

李乐民（后排左 1）获演讲比赛优胜奖（1940 年）

上海这个远东大都会，是冒险家的乐园，其繁华与一般老百姓绝缘。父亲李庆贤一个人的收入要养活一大家子人，李乐民和弟弟、妹妹年纪虽小，懵懂中知道父亲不容易，也就从不吵着去商店买吃的、买新衣服穿，不和同学们攀比。

李乐民记忆最深刻的是，父亲一年当中会带上他们三个小孩，去上海闹市中心南京路上的大新公司（上海第一百货公司前身）转一转。

大新公司是当时远东最大的百货商场，其大楼高达十层，地下室及一、二、三楼为百货商场，面积达1.7万多平方米，为全国百货商业之冠。商品琳琅满目，摆设新颖整齐，一目了然。营业员服式整齐划一，男着黑呢中山装、黑皮鞋，女着玫瑰色旗袍，食品及医药部外罩白大衣，一律胸佩商店编号襟章。

商场内有电梯六部，此外又从美国沃的斯公司购得自动电气扶梯两座，分别从底层到二楼及二楼到三楼，顾客购物可免上下楼梯拥挤之虞。大新公司在沪上各大报刊的广告中写有："本公司自建十层大厦，设备电动扶梯，无劳跨步；装置冷暖气管，四时如春"相招徕。这在当时是远东第一家使用电梯的商场，因此引起上海市民好奇，皆以能捷足一试为快。

每次去大新公司，李乐民和弟弟、妹妹就特别高兴，比过年还兴奋。他们在大新公司的自动电气扶梯上玩，从底层坐到二楼，又从二楼坐到三楼，然后又下到底层，如此反复，乐此不疲。如果累了的话，父亲就给他们每人买一个冰激凌，这在当时也是件让人羡慕不已的事。从大新公司回家后几天，李乐民他们还沉浸在玩自动电气扶梯的快乐中。

看到父亲一个人如此辛苦，为了节省学费，李乐民决定跳一级，不上六年级了，直接考中学。没想到他这一考还真考上了，李乐民被正养中学录取了。父亲十分高兴，看着懂事的儿子，他帮儿子申请到一家纺织公司资助的奖学金。

1936 年大新公司在南京路开业，是上海四大公司之一

正养中学是1942 年 1 月由东吴大学附中改组而成的，东吴大学附中本在苏州，因为抗战沦陷，才迁到上海租界里上课。太平洋战争爆发后，上海“孤岛”也沦入日寇之手。当时，风闻日寇要控制学校，进行奴化教育，东吴大学附中遂决定停办。但爱国的老师们既拒绝为日伪效力，又要使青少年有继续上学的机会，他们就改头换面办了正养补习学校，后来又改为正养中学。

正养中学的教师都是东吴附中的原班人马，大家公推范烟桥为校长。校名取自东吴大学和附中校训“养天地正气，法古今完人”，寓含了一颗滚烫的爱国心，勉励大家要正气凛然。

正养中学有两个校址，李乐民在爱文义路（现北京西路）校区上学。由于教室不多，每个学生只能上半天学。家住在辣斐德路（现复兴中路）迈尔西爱路（现茂名南路）交叉口的李乐民几乎每天都是走路上学，一个来回大约要一个半小时。虽然有 24 路电车可以乘坐，但是十分拥挤，体弱的李乐民是挤不过那些大人的。其实，李乐民很少坐电车，他宁愿早点起床走路上学，因为少坐几次电车就可以为家里省一些钱，让父亲少操劳点。

校园里充满了欢歌笑语，但学校之外的世界却异常纷乱。日本人控制上海“孤岛”后，也将魔爪伸向了学校，在学校讲授日文课，企图奴化中国的青少年。李乐民和同学们十分憎恶日本人，只要是日文课，他们就都不听。等到考试的时候，就有人不知道从哪里拿来答案，大家就互相抄，应付了事。大家学了整整三年的日语课，还不认识几个日文。

第二章

逐梦青春

1945 年 8 月 14 日正午，日本裕仁天皇通过广播发表《停战诏书》，接受波茨坦公告，实行无条件投降。次日，日本政府正式宣布日本无条件投降。

中国人民经过 8 年艰苦卓绝的抗战，终于把日本人赶出了神州大地，迎来了百年历史上抵抗外来侵略的首次胜利。日本投降，也标志着第二次世界大战以全世界人民的伟大胜利而结束。为庆祝抗战胜利，全国放假三日。民众狂欢，噩梦结束了！

李庆贤同全国人民一样，热泪盈眶，欢欣鼓舞。多少华夏儿女流血牺牲，才打败了武装到牙齿的日本人，赢得了这场民族解放战争的胜利！

抗战胜利后，辗转迁徙各地的东吴大学也回迁苏州，展开了艰难的复校工作。东吴大学附中也随即恢复，迁回到美丽的苏州天赐庄原址，上海的正养中学宣告解散。

东吴附中鸟瞰图

1946 年的暑假，李乐民随从父亲回到苏州东吴大学。“上有天堂，下有苏杭”之称的苏州，到处是残垣断壁，满目荒凉。原本美丽如画的东吴大学，也未能幸免，除了几幢大房子的外表还依旧保存着当年一些气象外，其他什么都没了，只有几棵老树孤苦伶仃地在冷雨凄风之中。

抗日战争时期，东吴大学校园是日军的军营，李乐民触目所及都是日本人留下的榻榻米、养马场等。校门毁了，游泳池尚未修复，花圃成了菜畦，假山改为了防空洞，网球场的沙变了乱石杂草……

不久，李庆贤退掉了上海的房子，举家迁回苏州。全家人住在战前住过的房子，楼上楼下各有四间，还有一个三楼阁楼，再也不那么拥挤了。李乐民就住在三楼阁楼里。楼房外还有四间平房，其中一间是烧柴的灶间，有一间是李悦民用来养兔子的。楼外围墙内有一大块地，李庆贤和妻子在上面种了些花和茄子、西红柿、辣椒等蔬菜，闲在家里的金羡贞还养了很多的鸡。

开学典礼上，体育主任王守芳在台上致辞时说：我们是“中学生”，如果不努力学习的话，就是“中生”（上海话就是畜生）。虽然难听，但这一新鲜的说法让李乐民等印象深刻，不敢怠慢了学习。

李乐民在东吴大学附属中学上高中时，子实堂——曾经被一家跌落的飞机撞了一个大窟窿——是学生宿舍。他的很多同学都住在子实堂，他经常去找他们玩。一些同学打桥牌很厉害，他也学，但是学得不深，水平不及有些同学，和同学交起手来，他输多赢少。

附中虽然是教会学校，但是有些同学接受了革命思想，参加了共产党的外围组织，李乐民班上的章腾青和董惠良都是地下党员。

10 多岁的李乐民对政治还不甚了解，一心学习业务。苏州解放时，看到解放军纪律严明，群众欢欣鼓舞，李乐民对建立新中国、民族振兴、国家富强，寄予很大期望。

苏州解放后，东吴大学附中成立了学生自治会，自治会主席邀请李乐民去担任学生会干部，但正忙于高考的李乐民只是挂了个名，他实在是没有时间去。

东吴大学和附中同在一个校园里，总共不过 2000 名学生。附中的教师水平都很高，很多课程都是东吴大学的教授们上，也有聘请社会上的名流精英上课。李乐民在这里打下了厚实的基础。或许是受父亲的影响，他比较喜欢数学和物理，假期中总是早早地把老师布置的课外题做完，然后从爸爸书架上或者图书馆借一些数理书看。

李乐民闯进了一个博大的趣味王国，只要有机会他就一头扎进书堆里，津津有味地品读。少年时代的阅读，丰富了他的知识储备，对他的成长大有裨益。

李乐民学习十分刻苦，成绩总是班上第一。1984 年当选为中国台湾地区“中央研究院”院士的同班同学汪嘉康在《情系东吴》的回忆文集里写道：“最令我佩服的是李乐民同学，他连三角函数表都能背出来，所以第一名的位置一直是他，无人可夺，日后他当选为院士，绝不是偶然的。”正是在东吴附中的刻苦扎实的学习，为他以后科学上的发展打下了坚实的根基。

东吴附中名师荟萃，教学方式生动活泼，不搞题海战术，使得李乐民自如地畅游在广阔而神奇的知识海洋里。

李乐民喜欢上生物课，他还记得漂亮爱笑的生物课老师邓援，在实验室教他如何使用显微镜，当他看到平常肉眼看不到的微生物时，感觉十分神奇。

周赐恩老师是舍监，也是地理老师。他让同学们牢记世界“三大米市”：西贡、曼谷、仰光，还有中国四大米市：芜湖、无锡、长沙、九江。他用谐音的办法加强学生的记忆，讲到“玻利诺斯艾利斯”的地名时，就讲“玻璃木梳眼泪水”，让同学们捧腹不已。

张朝林先生教过李乐民一学期的历史，他在课程上痛斥西方列强特别是日本帝国主义侵略中国的罪恶史，动情之处还潸然泪下。他鼓励同学们多看课外史料，晚上还经常和大家一起在操场上指点星座，告诉同学们很多天文知识。

东吴大学附中是教会学校，老师中也有美国人，一个瘦削而年岁大的名叫文乃史，一个胖胖的40多岁的名叫许安之。

许安之教的是耳口课（即英语口语和听力课），他会讲一口流利的苏州话，课上全部用英文加手势来表达，不说中文。耐心而认真的许安之，纠正了李乐民很多中国式的英语口语发音和语调，比如音节与重音的正确运用。这些让李乐民受益终生，为后来的科研以及出国访学打下了坚实的基础。

许安之还有一个身份——传教士。许安之和同为基督徒的李庆贤关系比较近，经常来李家做客。许安之经常让李乐民给他读英文版圣经，然后再用中文告诉他讲的是什么，企图将李乐民感化为基督徒。父亲也多次动员他信仰基督，但是李乐民拒绝了。“我认为上帝是没有的”。

作为教会中学的东吴大学附中，希望学生参加“主日学”“圣经班”“唱诗班”，并要学生在星期日上午做“大礼拜”。名义上并不强迫，实际上实行的是“积点制”，就是每参加一次上述活动就有一个“点”，积满几十个“点”才可有毕业资格。学校当局意图让学生们在潜移默化中，都皈依基督耶稣。

李乐民上高中时身体矮小，体育课时常排在倒数第一或第二。但是，李乐民天生就有种“不甘人后”的倔强，他要做就做最好的。住在东吴大学的李乐民就每天去跑步、打篮球等，养成了勤锻炼的好习惯。等到上大学时，他已经有1.71米了。这离不开东吴大学的影响：东吴大学开设了体育专修科，十分重视体育，有良好的体育氛围和传统。其跑道、篮球场、网球场等体育设施比较好。学生符保卢在1936年的柏林奥运会上参加撑竿跳比赛，是当时中国队中唯一通过及格赛标准的运动员。

李乐民的国文老师，是有着“东方的柯南道尔”之称的著名作家程小青和红极一时的“江南才子”范烟桥。程小青和范烟桥两位先生当时都是有名的作家，都写了很多电影剧本，学生们都怀着敬慕的心情听他们的课。

程小青少年家贫，曾在钟表店当学徒，自学外语和热爱看书，他 18 岁时开始从事文学写作，先是与周瘦鹃合作翻译柯南道尔的《福尔摩斯探案集》，后来创作《霍桑探案》，一举成名。他笔下的霍桑，是中国版的福尔摩斯。李乐民课余时间常看程小青翻译的侦探小说，十分喜欢福尔摩斯，至今还记得很多福尔摩斯破案的情节。

程小青头发虽稍稀疏，但精明强干，人瘦而有神，总是穿西装，从未见他穿长衫或长袍。他每次都匆匆来上课，下课后提着他的黑色皮包匆匆又走了，显得整天忙忙碌碌。《霍桑探案》当时学生们都多多少少读过，所以背后都叫他“霍桑”。一下课他们就围过去，问那个霍桑怎么那么厉害，那么复杂的案子在他手里三下五除二就解决了！同学中还传说程小青很有本事，巡捕房里遇到疑难案件也请他去做参谋。

有一次语文考试，试卷发下来后，程小青在上面看报，后面的学生开心得很，马上拿书出来抄。结果成绩发下来，凡有小动作的抄书的学生都是零分。同学去问，“我考得那么好怎么得零分?”程小青用他那略带苏州味的上海话说，“我是写侦探小说的，考试时我在报纸上挖两个洞看你们自觉不自觉。你们不晓得吧!”以后，凡是他的考试，即使程小青不在教室里，大家也不敢做小动作。

范烟桥比程小青还小一岁，个儿较高大，一头花白的短发，视力不好，喜欢戴一副茶色墨镜，显得老态。但他讲起课来却精神十足、生动活泼，他浓厚的苏州口音读起诗来抑扬顿挫。范烟桥书法不错，因此板书十分潇洒大方、老练耐看。文质彬彬的范先生总是穿中式服装，冬天还爱戴一顶土耳其式高高的黑羊羔皮帽子，围一条鼻烟色围巾，来上课时总提一只装得鼓鼓的公事包。范烟桥多才多艺，小说、电影、诗、小品文、猜谜、弹词无不通谙，还善书画、工行草、写扇册、绘画等，尤以小说为主，著作宏富，总计达 30 余种。

程小青部分作品

这位欠风流的才子，还是范仲淹的后裔，为人和蔼可亲。有一次上课，调皮的同学们听见他从楼梯上走过来，就一起高唱由他填词的流行歌曲《夜上海》。他进入教室后，只能无可奈何地对同学们笑笑，接下来就是哄堂大笑。范烟桥创作了几十首脍炙人口的电影主题歌歌词，流传最广的是《夜上海》和《花好月圆》，至今传唱不衰。

多年后，回忆起这两位国文老师，李乐民还十分神往，似乎还沉浸在当年国文老师描绘的文学世界里。李乐民常说，国文老师给他一个很重要的启示，就是语文很重要，语文好的人逻辑就特别清晰，说话写文章就很有条理，这对做科学研究是很有帮助的。比如，程小青写侦探小说，层层推理，案情越是复杂离奇，越是扣人心弦，讲究逻辑思维、重视证据。和搞科研有点类似，用试验数据证明结论的正确性。

李乐民的学长和同学中就有受两位先生影响而走向文学创作之路，如第四届茅盾文学奖获得者王火、儿童文学作家徐白仑等。

1949 年暮春，百万雄师过大江，南京解放，苏州解放也就不远了。中国的时局发生了根本性的变化。

4 月 27 日凌晨，苏州天空中云层很厚，月色迷蒙。

凌晨 4 点，在山炮团火力掩护下，解放军各部发起猛攻，战斗十分激烈。两个多小时后，身披朝阳的解放军各部，冒雨胜利会师于市中心察院场，千年古城姑苏解放。

身着青灰色的军装，腿上缠着绑带的解放军整整齐齐地坐在街道两旁，全身都被雨水淋得湿透了，不管老百姓怎么劝说，谁也不肯到屋里避雨。他们还一遍遍大声高唱“三大纪律八项注意”，洪亮的歌声和全新的内容，让围观的老百姓感受到新气象。李乐民的班长徐白仑（著名报人徐铸成之子），至今还记得当时的情形。

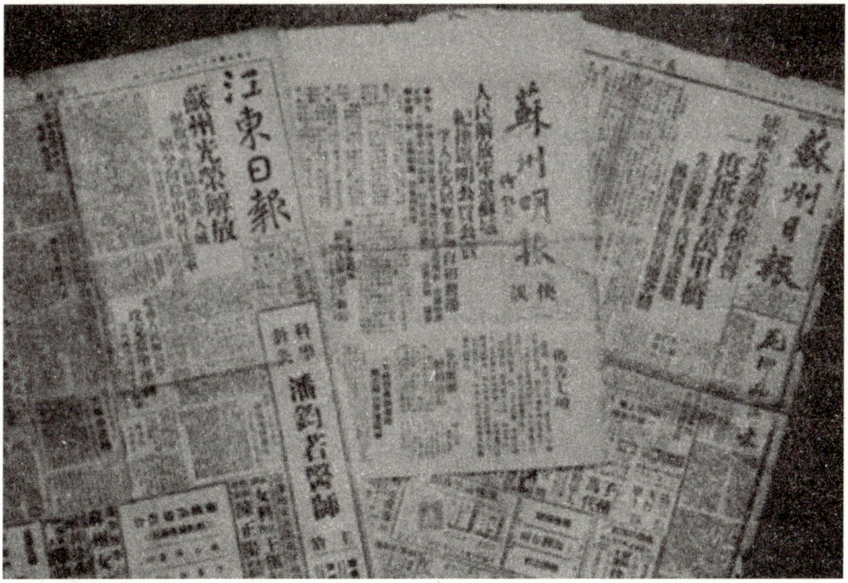

1949 年 4 月 27 日，苏州当地报纸报道有关苏州解放的消息

苏州各界在开明大戏院隆重集会，人们跳着秧歌欢迎解放军入城。戏院人山人海，有人在戏院门口的台阶上散发《光明报 • 号

外》。这张号外的头条消息标题十分醒目：苏州新历史的第一页 人民解放军进城，人民夹道欢迎情绪兴奋热烈 解放军主力继续向敌追击中。

一个月后的5月27日，上海全部被解放军攻克。历史和人民已经抛弃了腐朽的蒋介石的国民政府。

苏州、上海相继解放，父亲李庆贤脸上也开始有了笑容。在解放军进入苏州前，李庆贤组织东吴大学的员工，日夜在校园里巡逻，以防止有人来破坏学校财产。

苏州解放后不久，李乐民以第一名的优异成绩从东吴大学附中高中毕业。学校给他发了一张奖状，并免试让他进东吴大学读书。

李乐民拿着奖状递给父亲看，李庆贤十分欣慰。

看到父亲心情不错，李乐民说："我打算放弃这次免试的机会。"

"为什么呢？"李庆贤有点不解。

"我想报考上海交通大学！"李乐民如实向父亲汇报。虽然对东吴大学有很深的感情，父亲也在这里教书，免试上东吴大学还不用交高昂的学费，但是李乐民还是坚定要考上海交通大学（简称交通大学，交大）。他知道上海交通大学的理工科比东吴大学好，也比较难考。

"好！"李庆贤对儿子的决定十分支持，一向民主的他既不会给儿子指定报考学校，也不会限定专业。"不过，你得做好吃苦的准备。"

"我会的。"李乐民信心十足地说，他知道父亲会尊重自己的选择。

上海交通大学是考生们十分向往的高等学府之一，上海交通大学当时教学用的全是麻省理工学院（MIT）的原版教材，被世人敬称为"东方的MIT"。著名科学家钱学森到美国麻省理工学院攻读博士时，在与母校上海交通大学的教授通信时，激动地说道：这里的教材都是我原来在交通大学的上课讲义，相当于交通大学把MIT搬到了中国。

上海交通大学

由于用的大都是美国麻省理工学院的原版教材，加之要求非常严格，有硬性的不及格率，能进交通大学都是千里挑一。新中国成立前后学校总体保持平稳过渡，实力依然很强，继续保持“北清华、南交大”的均衡局面。

二舅金忠谋是上海交通大学机械系的教授，他告诉李乐民学工科，特别是纺织机械容易找工作，而纺织机械专业只有交通大学有，李乐民便将交通大学作为自己的目标。

暑假，高考成绩在报上登载，上海交通大学纺织系共录取了30人。李乐民拿着报纸寻找自己，直到第九个才看到自己的名字。他高兴之余更想到：自己在东吴附中成绩年年第一，这次排后了，应该继续努力。

到上海交通大学报到后，李乐民和同学们交流后才知道，东吴大学附中用的教材没有上海的几个学校，比如南洋模范中学、上海中学的好。东吴大学附中的师资力量较之这几所上海的学校也稍逊色一些。李乐民能考个第九名已经很不容易了。

和李乐民一同考入上海交通大学的中学同学还有姚振炎（原国家开发银行行长、曾任水利电力部副部长和副总工等）、魏荣生（现重庆市海德自动化有限公司总经理）。当时，上海交通大学在青年学生当中有着不同寻常的影响力，而能考入上海交通大学是要费九牛二虎之力的。

在交通大学学子中间流传着一个典故，这个典故让交大学子们都有些“害怕”。著名报人邹韬奋，在交通大学读电机工程专业时由于理工科要求极其严格，读得半夜吐血，读不下去，只好大二一结束就转学到圣约翰大学攻读新闻学了。

1949 年 9 月，李乐民顺利成为交通大学的大一新生。一个月后，一个崭新的人民政权——中华人民共和国在北京宣告成立。当广播里传来 28 响轰隆隆的礼炮声和激昂奋进的义勇军进行曲时，全校上下一片沸腾。

毛泽东主席在天安门城楼向世界郑重宣布：中国人民从此站立起来了！一个苦难深重的民族，在黑暗里摸索了 100 多年，受尽了屈辱和蹂躏。如今，占世界人口四分之一的红色中国，屹立在世界东方，这头沉睡百年的雄狮终于醒过来了。

李乐民再也不用四处逃难了，不用吃日本人的配给米了，不用缩在桌子底下躲避日本人的轰炸了，不用担心提着一袋子钱却只能买回一两斤[①]米了，不用……只有爱国爱民的中国共产党才能救中国。

想到这些，怎么能不高兴、不激动呢？新的社会，新的生活，人民成了这个国家的主人。这在历史上还是开天辟地头一遭。

素有民主堡垒之称的交通大学，沐浴着社会主义新中国的朝阳，一切都是那样生机勃勃。学校生活充满了生命本应该有的快乐、轻松和获取知识的满足，李乐民铆足了劲在知识的海洋里遨

① 1 斤 =0.5 千克。

游，“自己没有理由不好好学习”。

大乱之后必有大建，李乐民相信“知识就是力量”，他争分夺秒地学习知识，以备毕业建设祖国。通过一年的学习，李乐民成绩优秀，但认为纺织机械不太适合自己，他还是喜欢数学与物理。他将自己的情况和二舅交流后，二舅建议他转系。交通大学当时允许大二时可以申请转专业，李乐民于是申请转到电机系，因大一成绩好而被批准。

电机系被誉为“中国电机工程师的摇篮”，是交通大学的几个热门系之一，十分难考。即使是从其他系转系进来的，也是优秀中的优秀。

交通大学的电机系分电力组和电讯组两个专业。李乐民认为电讯研究的都是电话、电报、收音机等人们常用的东西，就选择了电讯组。

本来，李乐民曾想转学到清华大学学核物理，但又想北京太远了，过去的话可能不适应那边的生活，也不太放心年事已高的父母，就放弃了北上的打算。

当时的电机系是中国电机工程教育的高地，大牌教授云集，教过李乐民的有：被誉为中国南方电路理论学派创建人的林海明教授；电子学专家沈尚贤教授；中国通信界元勋、长途通信专家张煦教授；市内电话和电讯传输专家陈湖教授；电报专家毛均业教授；还有陈季丹、陈鸿彬、于怡元等知名教授。他们不知疲倦地传道授业解惑和兢兢业业地治学，让李乐民终生难忘。

大学时代，对于大多数人来说，是人生的一个重要分水岭。正是这些老师们呕心沥血的讲授，把他引入到电讯这个神奇的领域，也奠定了李乐民一生奋斗的坚实基础。

李乐民不是“躲进小楼成一统”的人，也不只是死读书。他担任过总务委员、学习委员、长途电话课课代表等多个职务，热心为同学们服务。

到电讯组后，喜欢唱歌的李乐民担任了班上的文娱委员。记得有次组织同学们参加《黄河大合唱》，他一个个地去动员大家来排练，费了很多口舌，才把大家聚起来。

当同学们高唱“风在吼，马在叫，黄河在咆哮，黄河在咆哮”的时候，他满身的血液都在沸腾。他看到了中华民族源远流长的灿烂历史、中国人民坚强不屈的斗争精神，脑海里浮现出抗日战争的壮丽图景，一个站起来的巨人屹立在世界东方……

新中国成立后，新生的共和国运动一个接一个。1951 年秋，思想改造运动开始在全国展开。不过思想改造运动很快就被 1952 年的全国院系大调整冲淡了。李乐民也认真检讨自己思想上不符合新时代要求的地方：自己不够刻苦，存在享乐主义倾向，追求平稳，不想搞得太累等。他觉得自己境界不高，连中国新民主主义青年团[①]团员都不是。

刚进大学的李乐民，沉浸在学海里，对于中国新民主主义青年团还很陌生，不知道这是个什么组织，他认为在大学里最要紧的是把书读好。学习之余，李乐民担任了班上的总务工作，做收集班费、买东西供大家集体活动之用等。

从纺织系转到电机系后，他担任了文娱委员，认为不能只读死书，应该多参与班级活动，慢慢也了解了团组织的作用。当时学校正在鼓励青年学生参军，李乐民由于母亲生病，加之自己身体还达不到部队要求，就没有参军。

毕业那年，李乐民每个周末都要抽出一个小时，来总结自己一周的思想及学习情况，并制订下一周的任务和计划，根据上周所订的任务和计划，检查自己是否有了提高。他还经常阅读《人民日报》和《中国青年》等报纸杂志，提高自己的政治理论水平。

① 中国新民主主义青年团 1957 年 5 月更名为中国共产主义青年团。

“恰同学少年、风华正茂”的李乐民，初步建立了革命人生观的李乐民，努力使自己成为“又红又专”的大学生。既要树立全心全意为人民服务的好思想，又要刻苦学习科学文化知识、掌握过硬的业务本领。在即将毕业的时候，李乐民正式递交了入团申请书，并于1952年5月13日光荣地成为一名中国新民主主义青年团团员。

经过三年的经济恢复，我国国民经济得到了根本好转。1953年，我国开始实施第一个五年计划，确定了以“一五六项工程”为中心的经济建设，新中国的各项建设急需人才。政务院（国务院前身）发布决定，所有大学生（除医科等少数专业外）都提前一年毕业，交通大学电讯组等专业也被要求提前毕业。在填毕业分配志愿的时候，李乐民选择了留校任教并表示愿意服从国家统一分配。

留校在当时是个比较“非主流”的选择，李乐民的同学们大部分人都选择去企业和机关工作。李乐民继承了父亲的事业，为新中国的高等教育事业奋斗终生。

李乐民之所以选择留校，除了是受父亲李庆贤的影响，更多的还是他自己喜欢生活在大学里。校园生活简单，教书育人十分神圣，自己是打心眼里热爱教育事业。

“我想一个人要根据自己的特长，决定自己做什么工作，来为国家服务。我想我的特长在于科学研究，在于教书育人。”

就这样，李乐民于1952年结束了充实而丰盈的大学生活，在母校做起了教师。他表哥林宗琦，还有后来一同来成都的同班毕业同学张有纲也留校任教。

留校后的次月，20岁的李乐民参加电工原理教研室高等数学教学小组，担任张钟俊教授（1980年当选为中国科学院院士）《电工数学》课的助教，并为电机类二年级学生辅导电工数学。

张钟俊从交通大学毕业后就去美国，进入麻省理工学院电工系攻读研究生。由于发奋学习和刻苦钻研，张钟俊仅用了两个学期就获得硕士学位。又经过不到五个学期，他通过了科学博士的学位论文答辩。1937 年 12 月，张钟俊作为麻省理工学院第一个博士后副研究员留校工作。

李乐民在上学的时候，就听说张教授的课讲得很好，同学们都喜欢上他的课。做张钟俊教授的助教，让李乐民很激动。以前没机会听张教授讲课，现在终于可以一睹他的风采了。他和同学们一道在课堂上，仔细品味张教授的课。

张钟俊教授讲课从不照本宣科，深入浅出，他渊博的知识，在课堂上挥洒自如的讲解，成为李乐民心目中学习的榜样。

当时的助教，要和学生一起坐在下面听教授上课。教授讲完后，助教负责解答学生的疑问。助教一周还要组织两节讨论课，和学生就教授上课的内容等畅所欲言，将收集到的意见和建议反馈给教授。

做知名教授的助教，使得李乐民对人民教师的责任有了初步认识。他主动积极承担工作，在政治上要求进步，认识到团员应在政治上关心群众，为教学改革而努力。李乐民感觉自己和知识渊博的老教授比，业务能力、教学水平等都相差很远，自己必须加强业务学习，掌握好基本理论知识，打好扎实基础对一个人今后的发展是相当重要的。

新中国成立后，作为社会主义阵营的核心，苏联在经济、国防、教育等各方面给予了中国巨大的帮助和支持，使中国的国家建设迅速走上了正轨。同时，新中国“一边倒”的对外政策也决定了中苏两国在 20 世纪 50 年代前期亲密无间的关系。

当时新中国缺少办学经验，非常倚重苏联专家的帮助，在 20 世纪 50 年代，中国的高等院校共聘请了 861 名苏联教育专家，直接参与中国高等教育的改造和建设，而中国派往苏联的留学生和进修教师亦高达9106人。

在这种氛围里，全国人民都把苏联当成我们的老大哥，是我们的亲兄弟。1949年10月5日成立的“中苏友好协会”，体现了这种兄弟加同志的友好关系。新中国的多位国家领导人成为“中苏友好协会总会”的领导人，全国各省、市、县都有分会，而且由当地主要领导主持协会工作。李乐民大二的时候就加入中苏友好协会（交通大学支会）。

新生的共和国以苏联为师，向这位老大哥学习建设社会主义的经验，急需大量俄语人才。

1953年元旦，李乐民得到通知，组织上安排他去上海俄文专科学校（上海外国语大学前身）学习俄语。他很想多掌握一门外语，这样就可以更好地“学习苏联先进经验，为祖国建设事业贡献力量”。

“我是1月10号去俄专的，当时大家都不怕吃苦，白天黑夜都在学”。李乐民说，“2月5日就结束了学习回到了交大”。在俄专，李乐民几乎将教材翻烂了，上面密密麻麻写满了笔记。

李乐民在俄文专业速成阅读试验班的时间虽然不足一个月，但是夜以继日地勤奋学习却使他完整地掌握了俄文文法，能记忆近2000个生词，能利用字典阅读专业书籍。后来，李乐民对俄文专业书刊能熟练地笔译为中文，他还翻译了一本有关长途电缆通信方面的小册子，由人民邮电出版社出版。

当时的交通大学鼓励教师们多掌握几门外语，以便能够更好地查阅资料，方便教学和科研工作。李乐民除了掌握了英语和俄语，他还自学了德语，并达到了能阅读专业书刊，“只是不太流畅，要借用字典的帮助。”记忆力好是李乐民的一大优点，很多东西他看一两遍就能准确记住。

回到交通大学，李乐民依然做助教工作，只不过教授由张钟俊先生换成了张煦先生（1980年当选为中国科学院院士），课程改成了《长途通信》，教研室也改到了电报电话教研室。

20 世纪 50 年代上半期，张煦教授结合教学工作编著出版了《长途电话工程》《无线电工程》《多路载波电话》等 10 余本高校教材和科技参考书，对新中国的载波通信技术发展起到了重大作用。

大三时，张煦教授给李乐民上过课，让他学习到了二四线转换、单边带传输、多路载波频分复用等原理，初次接触到长途通信技术。能给自己的老师当助教，他十分高兴。张煦教授讲课条理清楚、声音洪亮，并经常鼓励学生为祖国建设勤奋学习，深受学生好评。

李乐民从张煦教授身上学到了很多教书治学之道，以及为人处世之理。张教授“勤奋思考、俭朴生活，多作贡献、少想享受”的人生格言，也深深地烙在了李乐民的人生字典里。

除了要给学生答疑、主持讨论课，李乐民还要帮张煦先生画挂图，准备学生的试验课，告诉学生仪器设备使用的注意事项以及电路板怎么用等等。

由于学生多，设备不够，学生得轮流做试验，一个班就分成了好几批。张煦先生坚持指导学生试验，不过大部分试验还是李乐民在负责。不论是指导学生试验，还是组织学生生产实习，张煦先生都身体力行，让李乐民很感动。

此时，李乐民已经参加工作一年，对人民教师的责任有了初步认识。他为教学改革而努力掌握专业知识，担任了电讯三年级和电专二的长途电话辅导与试验工作。1953 年和 1954 年暑假，李乐民带学生去上海电信局、上海铁路局的长途载波电话室实习。

20 世纪 50 年代初，李庆贤的月薪有 200 多元，家里的经济状况有所好转。由于早年的过度操劳，李乐民年过五旬的母亲身体不好，经常生病，李庆贤每月的薪金大部分用来买药看病，还要供养三个上大学和中学的孩子。李乐民参加工作后，李庆贤肩上的担子才稍微减轻了些许。

家里的状况让李乐民十分苦恼：自己刚刚参加工作，又不在苏州，不能经常照顾父母生活。

当时的交通大学各个系都设有秘书，担任秘书的几乎都是共产党员。1954 年，不是党员的李乐民被组织上安排做了电讯系的秘书。担任秘书工作后，李乐民接触了越来越多的党员，他们雷厉风行的工作作风和踏踏实实的工作态度，让李乐民十分钦佩。

第三章

孔雀西南飞

有时命运真的让人无法参透。李乐民曾有机会到北方学习、工作，但都担心自己从小就在南方长大，不适应北方的环境、气候、生活等而没有成行。

在交通大学工作两年多后，学校派李乐民到天津大学电讯系进修，跟随苏联专家吉杰列夫学习长途通信。

1954 年 12 月，南方的上海已经进入寒冬时节，北方早已是银装素裹、万里雪飘。22 岁的李乐民告别同事，乘着北上的列车，向天津进发。这是他第一次去北方，一个完全陌生的环境。

元旦前夕，李乐民抵达天津大学。在俄专的学习，让他和吉杰列夫等苏联专家交流起来有一定基础。

天津大学的宿舍几乎都有水暖，只有少数没有。不走运的是，李乐民住的宿舍恰恰就没有，只能自己烧炉子取暖。而生在南方长在南方的李乐民不会烧炉子，幸好有室友是北方的会烧，这才免受寒流侵袭。

我国对前来援华的苏联专家十分重视，将最好的房子给他们住。吉杰列夫等苏联专家住在天津的专家公寓里。公寓的条件很好，一室一厅，还有厨房、卫生间等。

吉杰列夫每天都给研究生上课，教授《长途通信》《长途线路》《电信测量》等课程。这些苏联专家，将当时先进的科技传授给了中国学生，体现了亲密的中苏友谊，让李乐民等受益匪浅。

1955 年暑假，李乐民没有回苏州，天津大学电讯系为他联系到北京电信局，去那里实习了一个月，有时还值夜班。

这一年，国家决定成立一所专门的邮电高等学府。天津大学电讯系的电话电报通讯和无线电通信广播两个专业及重庆大学电机系的电话电报通讯专业被抽调到北京，组建新中国第一所邮电高等学府——北京邮电学院（现北京邮电大学）。

9 月，北京邮电学院在新街口外大街小西天正式成立。

由于苏联专家吉杰列夫于这一年的 7 月应聘到北京邮电学院

（简称北邮）任顾问，李乐民也就跟他从天津来到了北京继续进修。

李乐民到小西天时，新生的北邮校园十分狭小逼仄，全校就只有一栋五层高的教学楼，教学、试验、科研所需的仪器仪表等诸多设备更是不足。

这所刚刚诞生的大学只设立了有线电通信工程系、无线电通信工程系和工程经济系 3 个系，全校仅有 68 名教职工，但是却洋溢着勃勃生机，李乐民在这里继续全身心地学习。

一次考试，苏联专家出了个题。李乐民认为自己的回答是正确的，而苏联专家却说错了。

李乐民不承认自己错了，就向苏联专家解释（当时的考试都是口试）。他说了许久，苏联专家依然故我。两人辩论起来，各持己见。

有人认为李乐民对苏联专家太没礼貌了。

后来，有线电系系主任蔡长年教授知道了这事。这位 1938 年毕业于交通大学电机工程系的电信专家，也听了李乐民的解释。“你是对的，但是也不能和专家争得太厉害了，那样人家也没面子啊！”

耿直的李乐民当时根本没想到什么“面子”，他只知道对就是对，错就是错，真理面前没有面子。

这事对李乐民也有所影响，“人家批评我太傲了，所以我就尽量低调、不张扬。但是，我遇事还是有自己的主见的”。

苏联专家吉杰列夫在天津大学时招有 4 位研究生，1955 年下半年到北京邮电学院进入做论文阶段。北京邮电学院安排李乐民等两位进修教师也和研究生一样做论文。苏联专家给李乐民出的题目是：发送电平预先倾斜和压缩扩展器。这个题目在当时属新事物，有研究性，也可能是苏联专家认为李乐民适于做研究性强的题目而提出的。

发送电平预先倾斜是用于长途多路载波电话通信的技术。电缆和架空明线作为传输介质，频率愈高时信号衰减愈大。因此，把载波频率较高的信号发送电平提高，压低频率较低的信号，可使发送功率放大器功率容量已定的情况下，提高高频信道的接收电平，增加信号噪声比，改善通信质量。

李乐民开始在北邮图书馆和北京图书馆查阅资料。北京图书馆较远，但英文期刊较齐全，中午回不来他就吃个面包。在查阅了许多俄文和英文刊物后，李乐民觉得文献中有些问题还未解决或不完善：一是电平倾斜时功率容量如何计算，二是放大器非线性引起的交调产物如何计算。这些问题涉及概率论和随机过程数学的应用。但是，当时的通信专业没有设随机过程课，随机过程在通信中应用是新事物。为此，李乐民自学了随机过程数学。

经过日夜用数学推导，他解决了相关问题，得出了可供工程应用的公式。论文答辩后，北京邮电学院的蔡长年教授很高兴，鼓励他将论文投给学术刊物发表。结果，他在 1957 年 2 月的《电信科学》发表了有关成果。后来，南京有线电厂在设计 300 路小同轴电缆多路载波电话系统时采用了这个成果。

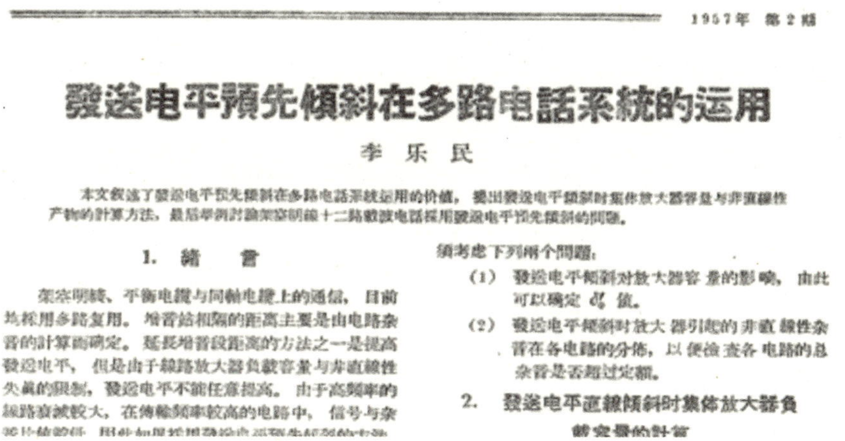
1957年 第2期

發送电平預先傾斜在多路电話系統的运用

李 乐 民

本文叙述了發送电平預先傾斜在多路电話系統运用的价值，提出發送电平傾斜时集体放大器容量与非直線性产物的計算方法，最后举例討論架空明線十二路載波电話採用發送电平預先傾斜的問題。

1. 緒 言

架空明綫、不衡电纜与同軸电纜上的通信，目前均採用多路复用。增音站相隔的距离主要是由电路杂音的計算而确定。延長增音段距离的方法之一是提高發送电平，但是由于線路放大器負載容量与非直線性失真的限制，發送电平不能任意提高。由于高頻率的線路衰減較大，在傳輸頻率較高的电路中，信号与杂

須考虑下列两个問題：

（1）發送电平傾斜对放大器容量的影响，由此可以确定 [illegible] 值。

（2）發送电平傾斜时放大器引起的非直線性杂音在各电路的分佈，以便检查各电路的总杂音是否超过定額。

2. 發送电平直線傾斜时集体放大器負載容量的計算

李乐民发表在《电信科学》上的论文

压缩扩展器的用处是改善当时长途电话的通信质量。20 世纪

50 年代的长途载波电话属模拟通信体制，通话效果有时不太好，常常伴有沙拉沙拉的噪声。压缩扩展器的作用是在发送端把话音中的低电平部分提高，压缩了话音电平的动态范围。这样，低电平话音受干扰的影响就减弱，接收端又扩展还原。李乐民在当时觉得关键是在国内做出这种压缩扩展器，进行试验应用，他就在北邮的实验室里制作。

当时，国际上已进入半导体电子技术时代。1947 年，美国贝尔实验室发明了晶体管。用晶体管电路代替电子管电路，可靠性得到很大提高，电源电路也得以简化。

1956 年年初，中科院应用物理研究所在我国首先举办了半导体器件短期培训班，请回国的半导体专家黄昆、成众志等讲授半导体理论和晶体管电路。李乐民有幸参加了该培训班，对晶体管应用有了基础。

但是，当时做科研很艰难，找不到需要的变压器，李乐民就用能得到的变压器拼凑。最后，在北邮的实验室中，他制作出了用晶体管电路的改善载波电话通信质量的音频压缩扩展器。并在实验室做了一个演示系统，来进行试验，确有效果。李乐民对试验的情形还记忆犹新。当时国内试验普遍用的还是电子管，李乐民已经用上了几年前才发明的半导体晶体管。

李乐民的进修结题论文和研究生的论文一起答辩，得到好评，又写出一篇期刊论文。这样，李乐民的北方进修生涯画上了圆满的句号。

1955 年，国家正在执行国民经济建设的第一个五年计划期间，要在全国建设 156 项重点工程，中央确定以成都为中心建设西南无线电工业基地。在周恩来总理的亲切关怀下，由当时的第二机械工业部（简称二机部）和高教部牵头筹建成都电讯工程学院，专门培养高级电讯技术人才。师资主要来自交通大学电讯系、华南工学院电讯系和南京工学院（现东南大学）。

三校师生员工和家属抵达成都

从繁华的大都市上海到偏远的西部成都，条件差很多就不用说了，由于地区不同，工资还要降一些。一些同志得知要西迁成都后，有点犹豫，甚至对到成都产生了抵制情绪。

当时是交通大学高年级学生、现在电子科技大学退休教师陈艾教授回忆，在人们全无思想准备的情况下，各式各样的想法和问题接踵而至：大批教职员工的家庭和子女如何安置？人们个人的计划和设想被打乱！原来的大城市生活、工作条件远比成都优越，生活习惯也有差异，老学校的名望很高、基础很好而新建学院却名不见经传，再加上教学仪器设备、图书资料等物质条件和一系列硬件设施都需一件件规划落实，特别是当时的大部分同学从未离家出过远门……

李乐民 1956 年接到通知，得知交通大学电讯系要整体搬迁到成都。8 月底，他匆匆结束了在北京邮电学院的学习，连夜往上海赶。

路过苏州的时候，李乐民回到了朝思暮想的家里。两年没回家的儿子突然出现在眼前，让李庆贤夫妇俩高兴万分。晚上，他们炒了好几个菜款待李乐民。

酒过三巡、菜过五味。李庆贤问儿子："马上要开学了，准备在家住几天？"

"明早就去上海。"李乐民若有所思地说。

"怎么这么急啊！"李庆贤夫妇不约而同地说，他们显然想让儿子在家多待几天。

"我马上要到成都去了。"李乐民终于把憋了很久的话说了出来。

屋里的空气一下子凝重起来。李庆贤对交大西迁成都也有所耳闻，但没有想到儿子也要去。

"能不能不去呢？"母亲关切地问道。一直身体不好的母亲希望长子能留在身边，可以照顾自己。

"在北京得知这个消息的时候，我就决定去成都了，那边比上海更需要我。"儿行千里母担忧，李乐民知道母亲担心成都太远、太苦了，怕他去那边吃不消。但是为了建设大西南，只有远离父母、远离家乡，自古忠孝难两全。

"那这顿饭就当是给你饯行吧！"李庆贤笑着说，"好男儿应该为国效力、奉献青春"。

第二天一早，李乐民就告别了父母，赶往上海。他很想多陪陪已过知天命之年的父母，和他们说说自己在北京的学习、生活情况。但是，迁校工作千头万绪，他得立即赶到交通大学，随迁校大部队西进成都。

青山处处埋忠骨，何必马革裹尸还。李乐民想在哪里都是为了更好地建设新中国，国家安排到哪儿就去哪儿，电子工业又是国家急需的。

在隆隆炮火中降生的李乐民，经历过山河破碎风飘絮，感受到新旧时代的历史变迁，恨不得把整个火热的青春都献给祖国。

多年后，李乐民依旧坚信自己的选择是正确的："虽然远离父母，但是服从了国家需要；虽然离开了交通大学，但是到了新中国以电子工业为背景的新型大学，我觉得还是很值得的。"

1956 年 9 月，上海十六铺码头，晴空万里。人山人海，大部分是前来送行的，一家家畅叙离别衷肠。

按照中央要求，成都电讯工程学院由交通大学（上海）、南京工学院、华南工学院三所学校的电子信息类有关专业组成。

交通大学电讯系在系主任周玉坤教授的带领下来了个"一锅端"：老师、学生、工人，包括仪器、设备、图书，凡是隶属于电讯系的都装上了轮船。组织上特地包了一艘 3000 吨的大轮船，供交通大学和南京工学院迁校使用。

上海和南京不是很远，第二天上午，轮船抵达南京中华门码头，准备等南京工学院的师生一同去成都。南京工学院的师生本应登船同行的，但只见他们在岸上向船上的人挥手致意。只有少数一些人上了船，主要是一些老家是四川的职工。

上船的人说，就在前一天晚上，突然接中央通知，南京工学院因故待发。中央决定，为保持沿海地区的电讯事业实力，南京工学院除少数配套教师外，原校的电讯系不动，但要求下年度毕业学生大部分分配到成都电讯工程学院。

这样一来，这艘偌大的轮船就只载着半船旅客直奔重庆。行进到宜昌的时候，大家都上岸了。大船进不了三峡，只有换小船。

当天晚上，大家就在宜昌住店。李乐民去了解旅店的情况，并负责教职工的住宿安排。

第二天一早，大家就坐小船过三峡。

三峡的一山一水，一景一物，气象万千，无不如诗如画，闪烁着迷人的光彩。三峡美丽的风光，让这些大上海来的人开了眼界。

"太美了！"

"真是鬼斧神工啊！"

“不愧是长江风光的精华，神州山水的瑰宝！”

大家对三峡风景赞不绝口。

“朝辞白帝彩云间，千里江陵一日还；两岸猿声啼不住，轻舟已过万重山。”有人雅兴大起，吟诵起唐朝大诗人李白的诗来。

三峡两岸悬崖绝壁，江中滩峡相间，水流湍急，有的地方很窄，白天行船都很惊险，晚上是不赶路的。

“到重庆了！”有人在船头欢呼，越来越多的人走到甲板上，一睹中国雾都的风采。李乐民也从船舱内走了出来，只见朦朦胧胧的雾霭笼罩着坐落在长江和嘉陵江交汇处的重庆，背靠青山面向大江的山城远远近近的景物显得模糊异常，像是被水浸泡过一般。

李乐民心想到重庆了，成都就不远了，他们在朝天门码头下了船。又高又陡的朝天门码头李乐民一口气就爬了上去，一些年龄大的则是坐着轿子上去的。

此时的成都电讯工程学院还在没日没夜地建设中，各种设施尚待最后完善。李乐民他们只能在重庆等消息，学生就在上清寺一所著名中学休整。

重庆的大热天让上海来的师生们难受异常，但是重庆低廉的物价倒是让大家大饱口福。每人每天一块钱伙食费让师生每顿都可以饱餐于饭店、酒楼，尝尽川味佳肴。

李乐民安顿好后，就约上几个熟识的同事去打牙祭，这一路走得太辛苦了。他们一共十个人，凑了些钱，点了十几个菜，每个人还吃了一碗抄手。一桌饭菜算下来才八块钱，相比上海来简直太便宜了。“在上海八块钱是无论如何也吃不了这么好的，抄手才一毛钱一碗。”

不久，就传来消息：成都准备好了！

李乐民他们从重庆坐火车驶往成都，他们这次长途跋涉的终点站。

第十天，他们终于抵达天府之国的成都。欢迎的队伍把他们从火车站迎接到位于成都东郊保和乡的成都电讯工程学院。这些在大城市待惯了的上海人，算是见识了蜀道之艰难了。

这片广阔的土地既是终点，也是李乐民要为之奋斗一生的起点。

1956 年的春天，《四川日报》上登出了成都电讯工程学院将要招生的消息。很多高三的毕业生一下子就被这所全新的学校和全新的专业深深吸引住了。有的考生在第一志愿、第二志愿、第三志愿填的都是成都电讯工程学院，可谓是不折不扣的“铁杆粉丝”。

成都电讯工程学院（1988 年更名为电子科技大学，简称成电）集中了中国南方高校电讯专业最优秀的师资、设备仪器、图书资料等，首批建立了五个专业，即：“无线电设备设计与制造”“无线电零件设计与制造”“电子器件设计与制造”“有线设备设计与制造”和“电子自动化设备设计与制造”专业。

1956 年 9 月 29 日，按照苏联莫洛托夫动力学院教学主楼设计的成都电讯工程学院教学主楼四周红旗招展，整个校园一片沸腾。下午三点整，全校三千多名师生员工和来宾，沐浴着金秋暖阳，在主楼东边体育场（现逸夫楼所在地）隆重举行首届开学典礼。

1956 年，成都电讯工程学院首届开学典礼

首任院长吴立人在会上说："成都电讯工程学院是我国唯一空前的一所学校。唯一，是指学院规模之大；空前，是指过去历史上没有办过这样的一所学校。我们创办这所学校，是为了给国家培养出更多的无线电方面的人才，解决我国科学技术方面落后的矛盾。"

李乐民听到这里，心潮澎湃、激动异常：能参与建设这样一所大学，也是人生一大幸事。

而当听到周恩来总理在国务院会议上也提到成都电讯工程学院时，他和在场的每一个人一样，再一次被振奋：一定要把全部身心和精力都投入到这所学校的建设中去。

虽然，主楼还在施工，周围矗立着脚手架，在进行一天三班倒的施工，能听到搅拌机的轰鸣声和敲打声。主楼前面的路也未铺上水泥，晴天一身灰，雨天一天泥，俨然一个大工地。

这一年成都的秋雨特别多，校园里到处是泥泞，走路就像扭秧歌，一不小心就会摔倒。但是，学校还是在一边施工的情况下，一边开了课。

1956 年，正在施工中的成都电讯工程学院主楼

教室里没有桌子板凳，先报到的同学就组织起来参加义务劳动，搬桌子、扛凳子到教室。阶梯教室定做的桌椅还没有来得及安装，同学们就坐在阶梯教室的地上，用一块小木板当书桌，垫在膝上记笔记。机关的同志在走廊里办公，教务部门靠一张桌子、几条板凳作为办公点指挥教学。创业之艰辛，超出了人们的预想，但大家都乐观处之、积极面对，展现了成电人乐于奉献、踏实实干的精神风貌。

学生进校报到时，男女混居一栋楼，有的女生寝室就在男生的隔壁，因为这个当时还有不少同学闹了笑话，男同学回寝室，一不小心就跑到女生那边。开门后发现是女同学，弄了个大红脸非常不好意思地走开。

宿舍严重不够，学校就千方百计找房子来安排。电子科技大学原党委书记王明东是1956年考入成都电讯工程学院的，他就读的5621班的男生有一段时间就住在主楼西一楼的大房间里，还有同学就睡在装修中的教师宿舍。

这是一所充满生机与活力的大学，是社会主义新中国办的第一所无线电大学，也是一所前途无量的大学。师生们情绪高涨，强大的使命感和号召力使得他们敢于牺牲、排除万难。

李乐民坚信不疑，国家将他们从上海、南京、广州调集过来，组建这所大学有着非同寻常的意义。他从来没有后悔来成都。相反，他认为正是在这里，自己的人生价值得到了真正的体现。

虽然已经开学上课了，但是号称当时全国高校最大的主楼没有修好，宿舍有的修好了，也远远不够。教授、副教授、讲师等都住在南院宿舍，李乐民等助教则租住在雷达厂的宿舍里。没过多久，他们就搬到了南院第三号单身公寓。有的老师还住了一阵子的招待所。

在教学科研之余，师生们还要参加义务劳动。李乐民曾经来到主楼前，或是搅拌石灰和沙子，或是打磨整平主楼广场，或是和老师同学们一起植树美化校园。他们用火热的青春，建设美丽的成电。

师生员工利用休息时间参加建校劳动

建校时，很多从沿海迁来的教师正值风华正茂之年，大家满腔热情，共同建设以电子工业为背景的新型大学。刚来时，有的教师听不太懂四川话。

有一天，毛钧业教授到餐馆吃饭，由于时间较晚，店里人说："煞角"（四川方言，结束的意思）了。毛教授说，好，来一个砂锅吧。因为他是上海人，没有听懂四川话，把"煞角"听成砂锅了。有的教师不习惯成都的天气，因为秋天和冬天出太阳的天数比沿海少。但是，大家克服困难，把工作放在第一位。

当时从南院到主楼的路也都是泥巴路，中间还有条不宽的小水沟，但一步也跨不过去。为了方便通行，就有人在水沟上搭了一块棺材板当作桥。有些老师，特别是胆小的女老师害怕棺材板，"忌讳，看到心里就不舒服"。但忌讳是忌讳，下雨天还是得走。

学校初创，基本上是照搬苏联的教育模式。教学计划是在苏联专家的帮助下，参照苏联莫洛托夫动力学院模式而制订，五年制（后改为四年），总学时为3600小时，设置27门课，所使用的教材多为苏联同类教科书的翻译本。为了帮助具体实施教学计划和培养专业师资，二机部给成电先后聘请了8位苏联专家来校工作。

虽然说有上海交通大学、南京工学院和华南工学院三校的精英，但是师资还是有点紧张，学校鼓励青年教师开课。李乐民长期学习长途通信，又做了几年助教，他根据自己的专长，开设了一门《时分多路通信》课，受到同学们的欢迎。廖品霖是1956年作为第一届学生进入成电读书的，他在一篇文章里回忆："李乐民老师学识渊博，专业基础扎实，对学生要求严格，深受大家爱戴。"

20世纪三四十年代到50年代，电话都是频分的多路通信。频分制是将传输频带分成N部分，每一个部分均可作为一个独立的传输信道使用。这样在一对传输线路上可有N对话路信息传送，而每一对话路所占用的只是其中的一个频段。频分制通信又称载波通信，它是模拟通信的主要手段。

随着技术的演进，频分的多路通信逐渐被时分多路通信所代替。时分多路通信就是把一个传输通道进行时间分割以传送若干话路的信息。把N个话路设备接到一条公共的通道上，按一定的次序轮流地给各个设备分配一段使用通道的时间。当轮到某个设备时，这个设备与通道接通，执行操作。与此同时，其他设备与通道的联系均被切断。待指定的使用时间间隔一到，则通过时分多路转换开关把通道连接到下一个要连接的设备上去。

李乐民的这门课在当时国内高校也是少见的，后来他根据讲课内容修改写成了《脉冲多路通信讲义》的教材，1961年由成都电讯工程学院印刷所印制，成为校内不多的国产自编教材之一。

1956年1月，党中央提出"向科学进军"的口号，中国的科学技术迎来了一个崭新的春天。全国23个部门和单位的科学技术工作者787人荟萃京华，参与讨论并制订了新中国第一个科技发展远景规划，即《1956—1967年科学技术发展远景规划纲要（草案)》。科学家们认为最重要、最紧急的有4项，即电子计算机、半导体、自动化技术和无线电电子学。

李乐民从报纸上看到这个12年科技规划后，十分振奋。他来到成都电讯工程学院后，就积极投入学校的科研工作中去。1959年，学校遥测遥控团队在做一项科研任务，力量不够，青年教师李幼平（1999年当选为中国工程院院士）在做一个设备的时候感到力不从心，希望李乐民帮一把。

李乐民二话没说，就参与了这个项目。他利用自己在时分多路通信方面的优势，为遥测遥控团队解决了脉冲式自动相位控制的问题。

20个世纪50年代末期，整个国家一下陷入了动荡不安的环境中，刚刚建立的学校里面也运动不断。

1957年暑假，李乐民带学生到上海电信局实习，结束之后回到成都，发现校内形势很紧张。学校要组织批判，要“反右”，说某某教授在年初的发言不对，要批判。李乐民因为过去有的会没有参加，不知道原因，不知道该怎么办，只好不发言，后来被批评“反右”不积极。

1960年，赫鲁晓夫下令撤走所有在华苏联专家。几年后，“文化大革命”爆发，学校全面停课。

第四章

闻名的难题克星

艰苦的岁月，不仅科研中的殚精竭虑在磨砺人，时代动荡、自然灾害也影响着前行的步伐。特别是三年困难时期，很多地方乃至国家都出现了粮食恐慌的局面。

李乐民一家三口，住在学院南院眷九的一间小屋子里，作为大学教师，他一个月的粮食是 23 斤，这紧巴巴的 23 斤还是由大米和面粉混合的，每个月一人才分二两[①]油。那时外面私下买卖的鸡蛋曾达到一元一个的天价并要到很远的地方买，而且还经常买不到，而他两岁多的女儿正需要营养。李乐民自己买散煤回来，打蜂窝煤。

即使在这样困难的环境下，学院的科研工作仍然没有停滞。1962 年，三年自然灾害刚刚结束的时候，学院的师生们生活还十分困难，一些师生患有水肿病，天天饿着肚子，但还是坚守岗位，连周末都在加班加点。

相比建校初期的艰苦，改革开放后的中国无疑富裕了很多。李乐民就时时忆苦思甜地对学生们说："现在条件好多了，你们现在只吃瘦肉，肥肉都不吃。我们当时一个月才能买点肥肉，开点荤。"他这是在提醒学生们，一定要珍惜好这来之不易的大好时光，为国家多做点有意义的事。

一个人只有把他自己的事业和前途同国家的前途命运紧密联系在一起，才有可能创造出更大的价值奉献社会。正是这一崇高的信念，一直激励着李乐民面对各种困难，百折不挠、矢志不渝。虽然艰难险阻就像秋天的道路，还没有完全清扫干净，又被新的落叶铺满了。

"文化大革命"爆发后，学校里到处是大字报、批斗会。很多教授，特别是从海外回来的都受到很大的冲击，还被关了牛棚。让李乐民比较"欣慰"的是，没有人写自己的大字报，更没有人要把自己揪出来进行批斗。

李乐民表面上看若无其事，但内心还是有点担心，高中时和美国人许安之有过交往，留学美国的父亲和许安之的关系很近。在当

① 1 两 = 50 克。

时，和外国人有关系总是不好的，有“里通外国”的嫌疑。

山雨欲来风满楼，形势一天比一天严峻，李乐民也被卷入这场旋涡中来，生活和工作受到严重干扰。经常有人来调查他在苏州时期的事，询问他外国人当时在苏州的活动情况。

李乐民隐约中觉得有什么事要发生，但又不敢乱想乱问。来调查的人要李乐民写材料，老实交代。李乐民把握不准如何写，工宣队的人要他知道什么就写什么，“好人不会受牵连的”。

他所担心的事终于还是发生了，突然地，父亲不给他写信了，李乐民和父亲失去了联系。

远在南京的父亲李庆贤在“文化大革命”一开始就被批斗，失去了人身自由，被送到了南京市附近的句容县。李乐民去信问在南京的弟弟，弟弟也不敢“通风报信”，就说不晓得父亲到哪里去了。

李乐民和妻子十分担心，就给父亲所在的南京师范学院写信，希望告之父亲的有关情况。

1969 年 6 月初，李乐民夫妇收到父亲的来信，才知道父亲被押到句容县劳动，要求交代在美国留学的情况以及和外国人的关系问题。父亲在信中说自己相信党和人民，身体也很好，“一顿饭能吃四两”。这让焦急不安的李乐民如释重负，年近七旬的父亲是万万受不得折磨的。

李庆贤待人很好，比较实诚。处世为人总是责己严，待人宽，处处以身作则，艰苦朴素、乐于助人，深受师生爱戴。他始终相信党、相信人民，事实上他也是清白的。

看押他的人没有打骂他，也没有让他做重体力活，只是把李庆贤关起来让他写材料交代问题。李庆贤一五一十地将自己知道的情况写出来交给他们，最后也没审查出什么问题，就把他放回了南京。相比那些被折磨得死去活来，甚至被肉体消灭或是寻了短见的人，李庆贤已经算是“幸运”的了。

即使在如此动荡艰难的岁月里，李乐民依旧没有放弃科研工作，他和同事们用坚持和执着，追寻着科学的脚步。

1968—1969 年间，成都电讯工程学院接到了彩电攻关的任务，当时世界主要国家已研发出了彩电制式和技术设备，而中国却还没有自己的彩电，研制生产使用自己制式的彩电的重大任务落到了成电人的肩上。

1970 年 5 月，由成都电讯工程学院牵头，全国彩色电视大会战在成都拉开序幕。川、滇、粤、鄂、豫、陕、桂等 10 个省区的 210 多名科技人员来成电组成“彩色电视攻关连”，进行规模空前的彩色电视设备研制工作。

他们从零开始，直接跳过黑白电视，在成都电讯工程学院顾德仁教授的带领下，包括李乐民在内的 200 多位科技工作者开始了彩电大攻关。李乐民负责做一个彩色编码电路板，他克服种种困难，几经辛苦最终研制出了这个板子。

经过近三年的努力，攻关连先后完成了彩色电视中心主柜、35 毫米电视电影设备、导演控制台、音响控制台、彩色电视接收设备等全套设备的样机试制工作，在赴北京参加展览时得到了中央领导同志的一致好评。

1973 年 10 月 10 日，全套设备投入成都电视台试播，性能较好，后来就将该设备留在成都电视台使用，并成为该台建台的基础设备。彩色电视攻关的成功受到第四机械工业部、四川省和成都市的表彰。

虽然最终在多方面的原因影响下，国家决定采用已有的 PAL 制式，但成都电讯工程学院的科研实力由此却得以初露锋芒。

在李乐民主持和参与的众多科研项目里，印象比较深的是 1969 年开始的某项工程用数传机，他在近两年时间里攻克了该工程中的通信设备的关键技术。

这项工程是一项艰巨的科研任务，其中，成都电讯工程学院要完成的任务之一是载波话路用9600比特/秒数传机的研制。那时，研制数据速率达9600比特/秒的话路数传机在国际上也是一个新课题。当时有五六十个老师参与了数传机的研发，这么多人的研发阵容在今天看来都是相当庞大的队伍，工程难度可见一斑。

由于研制这种数传机的难度大，需要此设备的单位经过国内调研，才把任务交给成都电讯工程学院。

学校十分重视，立即组织学校的科研骨干科技攻关，让李乐民做数传机的研究并具体研制其中的自适应均衡器。李乐民对于自适应均衡器的难度早有耳闻，敢不敢接这个烫手山芋，既是对学院的考验，也是对他个人的考验。李乐民没有更多思虑，揽下了这活儿。

研制数传机这块“硬骨头”的难点在于载波电话要传数码很不容易，因为数码频带比较宽，在模拟设备中传送容易产生畸变。如果距离比较长，比如几千千米的距离，经过多次转接，畸变就更严重，影响数据的正确接收。李乐民所做的就是研制数传机解决“畸变”问题。采用均衡器，可以将畸变的信号校正过来。由于信道特性变化大，均衡精度要求高，必须采用自适应均衡器，其特性能跟随信道特性变化而变化。

国内当时没人做过高精度的自适应均衡器，自然也就没有相关资料。李乐民就千方百计搜集国外的资料，研究各种方案。在看了相关文献后，他认为国外的技术还是复杂了点。他就想从基本原理出发，进行简化，而简化后行不行、会不会影响性能呢？他心里还是不敢打包票，需要试验验证。

李乐民阅读了有关文献后，设计出自适应均衡器的方案和有关电路，还修改了文献中提出的数字式平均电路的设计。李乐民想，去掉了原来的置中电路，在一定的计数器长度下均衡器精度应该更高。

李乐民潜心研究，专注学术

他定下了总体设计方案后，把方案细化成很多部分，分给参加科研的老师。

按照李乐民的预想，将40多块印制板连通起来工作，再进行调试，如果能起到自适应均衡作用的话，用示波器观察就会出现6个“眼睛”，试验就算成功了。但是科学的道路并不平坦，试验并不一帆风顺，“眼睛”像个害羞的大姑娘一直没有出现。

大家就仔细检查，当时的元器件都比较大，虽然已经用了一些组件，但是相当复杂。大家发现失败的原因在于用的集成电路经常不对，不是这个有问题就是那个有问题。还有就是40多块板子上的元器件很多，只要一个元器件没有调好，整个试验就无法进行。

他们花了相当长的时间来测试集成电路和元器件，在最后检查完之后，再次将40多块板子连通起来。他们目不转睛地盯着示波器上的波形，没有均衡的时候是一团糟，这次会不会出现“眼睛”，哪怕一个都行！

皇天不负苦心人，示波器上先是很多杂乱无章的线，慢慢地就出现了6个“眼睛”。李乐民很兴奋，以前只晓得会出现眼睛图，但从来没有见过，当时文献上也没有6个“眼睛”的图片。这次终于在自己的手里，看到了“庐山真面目”。

“眼睛”不断睁大，当6个清晰的“眼睛”全部出现在示波器上的时候，说明数传机能正常工作，大家都欢呼雀跃：“成功了！”

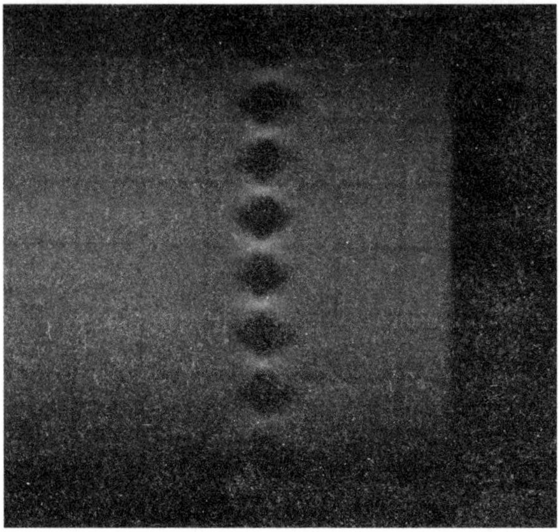

示波器上显示的“眼图”

在北京试验的时候，李乐民已经有了经验。他把每个板子都调到最佳状态，元器件在装上去之前也都一个个调对。一个多月的试验证明，从北京到成都这样的远距离通信畸变问题是可以解决的，也表明李乐民的简化方案是可行的，效果也不错。

他没有试验一做完就撒手，而是将自己的方案写成论文，从理论上阐释为什么可以简化、如何简化等问题，发表在学校学报。后来又写了《数字传输设备中的均衡器》一书由人民邮电出版社出版。

那时候，李乐民每天早上一头钻进实验室，差不多晚上两三点才回家。有时候甚至就在实验室“安营扎寨”，连轴转地工作。本来每个人每天只有三顿饭的，但是大家要工作到很晚，学校就专门为他们加了一餐馒头。

当时能够吃上馒头十分不容易，一到晚上12点，大师傅就带着一大蒸笼热腾腾的馒头来到实验室，有的老师吃完馒头后还会继续工作，一直要到两三点才回到家里，睡几个小时后，起来又要上班了。很简单的生活，很繁重的工作，他们一点也不怕累，也没有人向学校要多少补助、津贴、奖金。

多年后，李乐民偶尔听到年轻教师抱怨刚留校条件不好，他会轻言细语地给年轻教师讲述这段旧事，告诉他们为避免被人说“走白专路线”，书只能带回家看。“现在已经好多了，我们六七十年代做科研才真的艰苦呢！”

这个工程持续了近两年，李乐民每天都处于高度紧张状态，尤其是在解决关键技术的那几个月。有时候，晚上想着工程中的难点怎么也睡不着，到外地做长途通信试验也都是凌晨以后开工。

但是李乐民并不以为苦，从来没有叫过累。因为这是国家的任务，只怕做得不够好。李乐民最终啃下了“硬骨头”，研制出我国第一台“载波话路用9600比特/秒高速数传机”，解决了自适应均衡的关键技术。930工程用数传机最终获得了专家们的一致好评。

此后，成都电讯工程学院接到了为北京地铁研制无线接续信息传输系统的任务。北京地铁一期工程于1965年7月1日开工建设，1969年10月1日建成通车。学校非常重视这项工作，利用研制数传机的研究经验，成立了新的课题组。李乐民因要到干校劳动半年，只参加了总体方案讨论，他提出采用一种纠错编码方案，被接纳。课题组出色完成了任务，研制出地铁运行需要的无线接续信息传输设备，可使得地铁各站点、列车与总站之间的实时联系成为可能，保证地铁运行的高安全性。

为了做好测试技术工作，科研人员都会在每天晚上地铁停开以后，在凌晨下到地铁测试，凌晨5：10地铁运行前准时回到地面。每天一个通宵，一直工作了将近一个月。李乐民在干校结束回来后也部分参加了测试。这个项目使成都电讯工程学院的教师科研能力得到了同行的肯定。

1968年12月22日，《人民日报》发表《我们也有两只手，不在城里吃闲饭!》一文，并在编者按中说：“毛主席最近又一次教导我们：知识青年到农村去，接受贫下中农的再教育，很有必要。要说服城里干部和其他人把自己初中、高中、大学毕业的子女，送到乡下去，来一个动员。各地农村的同志应当欢迎他们去。希望广大知识青年和脱离劳动的城镇居民，热烈响应毛主席这个伟大号召，到农业生产的第一线去。”

由此，全国掀起了轰轰烈烈的知识青年上山下乡运动。20世纪70年代初，成都电讯工程学院的许多教师都响应国家号召参加下乡劳动，李乐民的妻子彭水贞也打起铺盖卷走进“大自然”中，去位于四川省攀枝花市米易县湾丘的“成都电讯工程学院五七干校”劳动，接受“再教育”。李乐民当时在搞一个重要的科研任务，无法抽身。

1974年，科研任务完成了，李乐民就去地处川西平原的崇庆县（现崇州市）一个叫白马村的地方进行劳动锻炼。他去的这个农场最初是解放军的，后来让给了成都电讯工程学院。

长年累月做科研的李乐民被安排到大田班，从来没有做过农活，他学着锄地、浇水、挑担子等。没几天，他就晒黑了，双手也都起了茧子，肩膀被担子压得红肿起来。

日出而作，日落而息。久居城市的知识分子过起了乡野村夫的生活。教书的先生们从来没干过这些活儿，他们在给小麦浇水的时候多么希望春天早点到啊，多下点雨就不用他们担水浇水了。

此时的李乐民已年过四旬，挑担子明显比不了二三十岁的年轻人来，但他没有偷懒磨洋工。自己一次挑不了那么多就分两次挑。

过了几个月，农场里放牛的人回成都了。他就被安排去放牛，这比在大田班轻松多了。

每天早上起来，把牛牵到有草的空地上吃草，只要看着别让牛偷吃油菜、小麦就可以了。下午再给牛喂点黄豆、稻草，一天的劳动就结束了。

有时，李乐民躺在草地上，仰望天空思忖：中国总不能这样封闭下去的，迟早是要走向世界的。他坚信，这个有着五千年文明史的伟大民族，在不久的将来会迸发出惊人的力量来。

白马村附近的自然环境很好。农场里清新的空气，甘甜的井水，还算可以的伙食，加之不算繁重的劳动，让李乐民感到十分轻松。半年后，他就离开了白马村的农村，回到学校继续搞科研。

第二次世界大战后，随着武器系统、战略战术和科学技术的发展，为适应作战指挥的需要，国际上出现了防空自动化作战指挥系统，它是将指挥员与现代化的各种软硬设备：各种情报获取设备、通信设备、电子对抗设备、计算机、各种人机接口和显示设备以及各种应用战术软件、指挥决策软件等按系统工程原理有机地组成自动化的综合体，是辅助指挥员决策指挥现代战争的重要手段。20世纪50年代，世界上的两个超级大国苏联和美国都研制出了这样的系统。

1959年11月，国防科学无线电电子学组召开专业会议，提出开展中国自动化防空系统研制的建议。该工程是我国第一套防空指挥自动化系统工程，也是当年周总理亲自批准的国家重点工程（后因“文化大革命”而中断，1975年重新正式启动），这项工程涉及雷达、通信、计算机、显示器等多学科技术，还涉及场地建设等诸多方面。

当时，由于国外对我国的封锁，很多设备都需要自己研制。其中，通信部分需要自行研制数据通信设备。

由于彩电攻关、9600比特/秒数传机、北京地铁通信系统等项目完成得十分漂亮，成都电讯工程学院在国内的影响力日渐扩大。

某工程的数据通信部分有一定难度，该工程负责人在国内经过调研，刚刚完成研制数传机的李乐民进入了他们的视野，李乐民爽快地接下了这个任务。

该工程的数据通信部分需要研制几种设备，一种是单路数据转接终端机，另一种是多路数据转接终端机，还有就是有线数据传输器。

李乐民担任该工程用数据转接终端机项目课题组组长，负责总体设计、调试，并设计制作多数判决电路与数字锁相环等。

该工程重新启动才一年多，共和国走到了一个极其关键的历史时期。1976 年，是中国历史上极不平凡而又灾难深重的一年，周恩来总理、朱德委员长、毛泽东主席三位伟人先后辞世，举国哀痛。7 月 28 日，河北唐山发生里氏 7.8 级大地震，人民群众的生命财产受到极大的损失。

李乐民的课题组很想静下心来，早日把这个任务完成交给国家，但这一年的唐山大地震对课题组的科研工作还是有一定的影响。李乐民带领课题组同事克服各种困难，硬是把样机给做了出来。

样机做出来之后，和其他设备进行联试，经过很长时间的试验，对样机进行修正后交付云南无线电厂生产。云南无线电厂完成数据转接终端机生产样机，并小批量生产。

1983 年 7 月，此工程通过现场考核，正式交付部队使用。李乐民研制的数据转接终端机符合要求且性能良好，得到部队的高度肯定。

李乐民课题组研制的数据转接终端机应用到此工程后，使得工程完全联通。此工程最终获得了国家科学技术进步奖一等奖和电子工业部科技进步奖特等奖。

这当中还有个小插曲，就是在获奖名单里没有李乐民等人的名字。大家都想不通，觉得很多人都得了奖，我们做出了其中的关键设备却连个名字都没有。

此工程总设计师、第一获奖人得知后，就写了个证明给电子科技大学。

他说，这个工程很大，其中的通信传输部分是电子科技大学李乐民等人自行研制的，生产了 30 多套供工程使用，效果很好，使信道传输数据的误码率下降了一个数量级，为系统的研制成功做出了贡献，最终使得工程圆满收官。

第五章

访学圣迭戈

“欲悲闻鬼叫，我哭豺狼笑。洒泪祭雄杰，扬眉剑出鞘。”这首诗流传甚广，充分表达了全国人民对周总理的缅怀之情，也表明了全国人民希望铲除“四人帮”的强烈呼声。

1976年10月6日，中共中央审时度势，一举粉碎“四人帮”。历时10年的“文化大革命”终于结束了。新中国历史再次被扭转改写，在徘徊了两年后，封闭多年的国门被打开，中国奏响了春天的故事。

在改革开放之初的1978年，发生了一系列对中国现代史具有开创意义的大事，“文化大革命”后恢复大规模派遣出国留学人员便是其中之一。

这一年的6月23日，邓小平同志做出了扩大增派出国留学人员的指示。12月26日，首批访问学者在中美建交前夕启程赴美，是中国改革开放的一个重要事件，成为中国打开国门、走向世界的重要一步。

十一届三中全会公报公布后，百姓争相抢阅

邓小平的远见卓识让广大知识分子备受鼓舞，“文化大革命”10年耽误了整整一代人，人们都想争分夺秒把失去的时间抢回来。

出国进修的大潮席卷了整个成都电讯工程学院，学院领导审时度势，准备选拔一批精英出国访学。

一天，顾德仁副院长找到李乐民，说准备送他去国外访学，但是要自己联系学校。已于1979年12月被评为副教授的李乐民也有出国留学的念头，虽然他在“文化大革命”期间一直在搞科研，但是想自己还是耽误了很多时间，也需要去国外开开眼界再学习。

当时，成都电讯工程学院派出了许多教师到国外做访问学者，仅在美国加利福尼亚大学（简称加州大学）伯克利分校和美国加州大学圣迭戈分校做访问学者的教师就达到10人之多。这些教师在回校以后都成为了学校的骨干。

按照当时的规定，副教授以上职称的是不用考试就可以出国的，但李乐民还是决定考一考。当时要考英语和业务课，业务课有两门——信号与系统、专业课。

李乐民感到些许的压力：都好几十年没有考过试了，你都是副教授了，要是考不好的话多尴尬？正上大学的女儿也替父亲捏了一把汗，“你已经是47岁出头的人了，能通过考试吗？”

于是，李乐民花了不少的时间来准备考试。

英语是没多大困难的，在上海读小学的时候就开始接触英语，后来在初中、高中都在学英语，大学和大学毕业后也用到英语。因此，李乐民不论是阅读、写作，还是听、说都还可以。

当时，学校为准备出国留学的老师开办了外语培训班，外教来自菲律宾。谨慎的李乐民也报名参加了，并坚持去听课，和大家进行英语的综合训练。他还和林为干教授的儿子结成对子，练习口语。

在如此的高度重视和充分准备下，李乐民的英语获得了“优”。而业务课的成绩则不仅仅是“优”，简直就是标准答案。

信号与系统和专业课的题目都是8个题，但是只要选做5个就可以了。如果5个全对就是100分，8个全对则是160分。

信号与系统的题目是张有正教授出的，他曾主持研究国家导航、时间标准信号发射台的全系统设计，是信号与系统方面的资深专家，出的题目难度较大，都很有水平。8个题都做对是很难的，但是李乐民做到了，考试的人里就他一个人全对。

后来有人问学校有关负责人，出国要个什么样的水平，负责人拿出李乐民的答卷说：你们看看这个答卷就知道了。张有正的考题和李乐民的答卷成了样板。

专业课虽然得了满分，但是李乐民对自己不满意。他只选做了自己把握最大的5个，其他的就做不全了。这让他明白自己还有些东西没有掌握好，还需要进一步学习，这也更加坚定了他要去国外开阔视野、跟踪国际学术前沿的念头。

人的一生往往会碰见很多机会，而机遇通常只偏爱有准备的头脑。多方面的知识储备和实践经验，对国家社会需求的敏感，对未来技术发展方向的正确判断以及一丝不苟、锲而不舍的精神，使得李乐民每次都能把握住机遇。

出国考试通过了，接着就是联系国外大学。上海交大的舅舅告诉他，他们的一个亲戚叫李慧英在美国。按照族谱算起来，李慧英是李乐民的堂妹，是加州大学圣迭戈分校毕业的博士。

李慧英就去问她的博士生导师Helstrom教授，能不能接收一个来自中国的访问学者。她导师委婉地说，或许找另外的导师更好一些，他的专业不是通信，和李乐民的专长有差异。

她的导师就介绍了一位研究通信的教授Milstein给李乐民，并把李乐民的相关材料给了这位教授。Milstein一看李乐民的简历和成果，都是搞通信的，很对口，就接收了李乐民。

1980年8月，李乐民搭乘飞机从北京起飞，开始了两年的访学之旅。这一年，国家决定在广东省的深圳、珠海、汕头和福建省的厦门设置经济特区。费孝通、钱伟长等著名的“六教授”也被平反。国家呈现出蓬勃的生机和活力，国民经济已从“文化大革命”后的崩溃边缘恢复正常。看着祖国逐步走向富强，自己能出国留学，李乐民难以掩饰内心的激动，这在过去是想都不敢想的。

李乐民先从北京乘坐飞机到巴黎，在巴黎住宿一晚。第二天由巴黎换机到纽约。纽约着陆后，再驱车到华盛顿的中国大使馆，由我国使馆人员安排他们到各自要去的学习单位。

在巴黎的时候，还发生了一个小故事。李乐民的几位同事抵挡不住浪漫之都的“诱惑”，想去市区中心看看，可是他们没有现金，怎么办呢？他们就和司机讲好，用带去的礼品抵。

这种原始的物物交换，让他们饱览了巴黎风光。在飞机即将再次起飞的时候，同事们也回来了。他们在飞机上兴高采烈地和李乐民讲述凯旋门、埃菲尔铁塔等以前只能在报纸杂志、影视剧里看到的著名景点，“有种刘姥姥进大观园的新奇感”。

在华盛顿和同事们分别后，李乐民经芝加哥转机到圣迭戈。Helstrom 教授和已在那里做访问学者的表哥林宗琦到机场来接，他乡遇故知乃人生一大幸事，看到自己的亲戚就别提有多高兴了。到加州大学圣迭戈分校后的第二天，李乐民就去和电气工程与计算机科学系的 Milstein 教授会面。

李乐民心想第一次见面得提前些，因为 Milstein 教授是一位有着相当国际影响力的学者，他每天的工作时间都安排得很紧，约好的谈话时间都要很守时，毕竟在美国时间就是金钱。第一次会面两个人谈得很投机，Milstein 教授对比自己年长 10 岁的李乐民不远万里来到美国进修学习的行动竖起了大拇指。

到美国后最先要解决的是住宿的问题。

第一年，李乐民和南京大学的一位老师合租了一个一室一厅的房子。两个人相处得很好，交换着住卧室和客厅。

1982 年于美国加利福尼亚大学圣迭戈分校

左起：李乐民、Milstein 教授、Helstrom 教授、窦瑞华

中国驻美大使馆每月给李乐民 390 美元生活费，扣完医保后只有 370 美元了。一室一厅的房租是 300 美元，李乐民分担 150 美元，这样供他花销的只有 220 美元了。去食堂吃的话，一顿要 3 美元，一个月下来至少要 180 美元。而水费、电费、气费和电话费还需要一笔钱。

为了节约开支，李乐民自己在住处开伙。自己买菜回来烧，一个月 100 美元就差不多了。

李乐民认为每月 150 美元的房子还是贵了，就在当地和 5 个前来做访问学者的中国人，租了一个三室一厅的房子。主卧大约有 10 平方米，李乐民和也是成电去的陆荣鑫同住。另外三个人则一人住客厅，剩下的两人就住那两个小卧室。

这套三室一厅的房子月租是 550 美元，平均下来每个人就 110 美元。李乐民又省下了几十美元，以至于回国了还有了点私房钱，可以购置些东西回来。

拮据的生活没有让李乐民退却，他依旧认真做着自己的研究。1981年，李乐民跟随Milstein教授参加了在New Orleans（新奥尔良）召开的国际学术会议，并在会议上宣读了论文，赢得了在场听众的热烈掌声。在去New Orleans之前，他为了省钱，没有与其教授乘飞机同行，而是独自一人搭乘长途汽车前往。

圣迭戈是加州的第三大城市，位于加州最南端，靠近美国与墨西哥边界上的圣迭戈湾，被誉为南加州度假天堂。圣迭戈海湾崎岖，风景优美，整个城市都在棕榈树和鲜花的掩映下，颇具热带风光。

充满殖民风味的西班牙式建筑、帆船游艇林立的拉荷亚海滩、美国青少年最爱的圣迭戈海洋世界及圣迭戈动物园……吸引了全世界各地的观光客。

然而李乐民用一定时间观光外，他全身心地投入到科研，尽情观赏科学的风景，他要把过去因为国内运动而失去的时间找回来。

美国当时是5天工作制，国内还是6天工作制。而对于李乐民来说，这都无关紧要，他从来都是周末泡在图书馆或实验室的，连晚上也都搭了进去搞研究。在别人享受夜晚的宁静与多彩时，他独自一个人沉浸在自己的科学研究里，“沉醉不知归路”。

他知道，这次来美国访学的机会来之不易，得抓紧时间来汲取知识和能量，把过去失去的时光找回来。只有学有所成，才能回国更好地为国家的通信事业添砖加瓦。

加州大学圣迭戈分校的国际中心还给每位非英语区的访问学者安排了一个English Tutor（英语辅导教师），以提高这些访问学者的英语水平。English Tutor每星期会约访问学者谈话，或是到他家里，或是去访问学者所在的学校。

李乐民先后遇到了两位十分热情友好的English Tutor，她们每个星期都会来辅导李乐民，约他到不同的地方，而且还带着他周游圣迭戈的其他地方，教会了他很多美国文化和风俗，让他长了见识。比如在博物馆就介绍这个博物馆，在公园就讲述这个公园的奇闻逸事，有时还邀请李乐民去她家里做客吃饭。

不仅仅是这两位和蔼的老太太，在李乐民看来他所接触的美国人都很热心和友好，他们爱公共卫生、守秩序，最重要的是他们还很懂得珍惜时间。

在美国的两年里，李乐民的英语有了很大长进，在国际会议上可以自由交流发言。

李乐民所访学的加州大学圣迭戈分校是加州一所公立大学，属于加州大学系统之一，位于美国南加州圣迭戈市的拉荷亚社区。学校成立于1959年，是一所知名度很高的综合性公立大学。该校有着强大的师资阵容，在校的教授中有多位诺贝尔奖得主、60多位美国国家科学院院士、10多位美国国家工程院院士，拥有院士的人数名列美国大学前列，其理科师资曾多次排在全美公立大学首位。

在圣迭戈分校，李乐民对他们的课堂教学十分感兴趣，就去看美国同行们到底是怎么上课的。Milstein教授讲授的《通信原理》、Helstrom教授讲授的《信号检测》、客座教授Modestino讲授的《随机过程》等，他都去听，还认真地做笔记，仔细体味中外教学的异同之处。

李乐民发现，该校讲课的内容要比国内深一些。李乐民回国后给研究生开了两门课，在讲授内容和方式上，他都借鉴了圣迭戈分校的经验。

李乐民在圣迭戈分校的主要任务是跟随Milstein搞科研。Milstein也不指定他具体做什么，只是说："你的经费是你们国家给的，不是我给的，你可以自由选择研究方向。"

李乐民就说："我就跟着你做你的方向吧！"

跟着Milstein，李乐民最高兴的是可以看到很多最新的资料。Milstein经常出席各种国际会议，每次都会带来很多有用的会议资料给李乐民看。此外，圣迭戈分校图书馆的资料也很丰富，可以及时了解国际学术的最新动态。而国内要看到这些，至少需要半年以上，“这样你就谈不上前沿研究了”。

丰富的学术资料使李乐民的思维迅速打开，产生出很多思想的火花。他将自己在国内搞的自适应均衡研究，应用到 Milstein 的科研项目中去，取得了良好的效果。

Milstein 从事扩频通信和数字通信研究，在这两年时间里，李乐民将 Milstein 的扩频通信中抗窄带干扰研究和自己的自适应信号处理研究结合起来。

扩频通信有抗窄带干扰能力，如果干扰太强，仍会影响通信质量。Milstein 在用声表面波器件来抑制直接序列扩频通信系统中的窄带干扰方面，已经做了研究并写出了论文。

李乐民在国内搞过自适应均衡器，他想可以用他的自适应滤波的方法来抑制窄带干扰。于是，他就集中精力开始了该领域的研究。

当时，文献中采用预测滤波器来抑制窄带干扰。因为窄带干扰信号有较大的前后相关性，可以用预测后相减的办法来抑制。但是，如何定量地评价抑制效果，还有没有封闭的解析计算式呢？

李乐民琢磨，预测只是利用前面的信号，为什么不能同时利用后面的信号呢？于是，他提出用双边横向滤波器来抑制干扰。

经过反复思考、研究，李乐民进行了理论分析和计算机模拟验证，证明了双边结构的性能的确会比预测结构好。这项研究还解决了如何求出性能评价的解析计算式。他的这个研究成果先是在 1981 年 11 月的全球通信会议上宣读，得到了与会专家的高度认可。

然后，1982 年 5 月号的《电气与电子工程师学会（IEEE）通信学报》也刊登了李乐民的这篇文章，这是李乐民的第一篇 IEEE 论文。不久，该论文又被美国 IEEE 出版社出版的《扩频通信》

录用。

美国《IEEE 通信学报》上的每篇论文必须有足够的创见，要经三位专家严格审稿并获一致通过才可以发表。

李乐民的这篇论文被认为首次得到信噪比改善的解析式，并首次提出用双边滤波器来抑制干扰有优越性能，提出了抗窄带干扰新理论和技术，有创造性贡献，受到了国际同行的关注。

美国《IEEE 信息论学报》副主编 E. Masry 教授在给成都电讯工程学院院长顾德仁教授的信中这样写道：该论文做出了一种精彩的贡献，并且常被该领域中其他一些研究者所引用；该文对单频及多频干扰存在下扩频接收机的性能给出了分析和数字结果。李博士在数学方面的熟练技能，以及把这些技能用于分析通信系统方面的才能无疑是令人钦佩的。

E. Masry 教授一直对这篇文章“念念不忘”，他在 1984 年 8 月出版的《IEEE 通信学报》上撰文写道：“抗窄带干扰问题迄今未见有解析式，唯一的例外是 1982 年 5 月的那篇文章。”

第一篇 IEEE 文章发表后，被美国、日本、苏联、德国、英国等许多国家的研究者所引用，引用次数到现在为止达 100 余次。

李乐民拿到刊登自己论文的期刊后，十分高兴，认为这次出国没有白出，还是有收获的。他看了那本期刊后，发现有另外一篇文章也提出了双边结构的概念，但是该文是先求出预测滤波的抽头系数，然后对称地作为双边结构的系数。“这样，理论上来说不是最佳的”，李乐民自言自语，“而且该文没有给出封闭解析计算式”。

李乐民又继续研究，在 1983 年 1 月的《IEEE 通信学报》发表了第二篇文章，这篇文章被苏联科技情报研究所出版的《信息快报》摘译。

有一天，李乐民突然兴奋起来，比论文发表还激动。他发现了一个“问题”，继续进行深入研究。用合适的抽头系数可以抑制干扰，然后这些非零的系数又带来有用信号自身的干扰，用判决反馈的方法可以抵消此项干扰。

他的这个有关判决反馈的研究成果发表在 1983 年 4 月号的《IEEE 通信学报》上，这是李乐民的第三篇 IEEE 论文。

比李乐民小 10 岁的 Milstein 对他的这位中国合作者的三篇论文十分赞赏，他在给顾德仁院长的信中如是写道："在所有的三项研究中，李博士独立地做了大量极其主要的研究……李博士研究的水平是最高质量的，他的工作对此领域所做的贡献是重大的。"

有一次吃饭时，Milstein 对李乐民说："过去我对中国大陆学者不了解，现在看到了你的工作是出色的，很了不起！"他说完后，对李乐民竖起了大拇指。李乐民也很高兴，为祖国争了光。

留美博士、上海交通大学一级教授归绍升认为李乐民的第三篇 IEEE 论文在理论上解决了消除单频连续波干扰的问题，对数字通信系统来说，李乐民的方法可以试用，有很大的实际意义。"本文已被美国 IEEE 杂志所接受，由此可以肯定，已达到国内较优秀的博士论文的水平。"已是中国科学院院士的张煦教授对自己学生的三篇文章也是赞誉有加。

李乐民的成功，离不开出国前他在通信专业领域常年深厚的积累，离不开他主持或参与了多项国家重点工程所获得的经验。在美国的两年时间里，李乐民目的明确、针对性强的学习，使他掌握了数字通信领域的新知识，也学到了新的思维与方法。

因此，两年时间里，李乐民发表了 3 篇 IEEE 文章和 2 篇国际学术会议文章，在国际学术界引起注意，也就不足为奇了。

李乐民的三篇 IEEE 论文后来得到了推广研究和应用，直到现在还有引用。他感觉到，一个科技工作者能有所创新、有所发现，在科学技术发展的洪流中有所贡献，特别有意义，也体现了自己的人生价值和人生追求。

去美国的时候，李乐民还不会使用计算机，也不懂编程序。他知道在美国一定会用到计算机，就从国内带了有关的书过去。

到美国后，他学习 FORTRAN 语言，然后反复练习，很快就相当熟练了。当时学校的计算机是大型机，把卡片放入计算机里，计算机收到程序就会运算并输出来。大型机打字很麻烦，打错一个字母，卡片就不能再用了，又要重新打。

遇到比较复杂的仿真问题，他就写 FORTRAN 语言输入计算机，看通不通。在李乐民的记忆里，大部分是一次通过了的。后来别人要用计算机了，还来让他指导，看看 FORTRAN 语言写得好不好。“自己变得有点儿能干了”。

计算机给了李乐民很大的帮助，他在美国发表的 5 篇论文都得益于计算机仿真计算。当时国内不能用到那么好的计算机，估计很难写出那么高水平论文来。

可以说，加州大学圣迭戈分校的雄厚师资和先进设备，为李乐民实现自己的理想插上了腾飞的翅膀。

美国的确是很先进的，他们会议上讨论的都是前沿问题。很多教授也十分敬业认真，学生也特别勤奋学习，有的是凌晨一两点才睡觉。这些让李乐民钦佩不已，也明白了美国为什么强大的原因，他暗地里想，回国后一定要搞好教学和科研，奋起直追。

第六章

乐享通信人生

商品齐全的超级市场、豪华的百货商场、笔直宽敞的高速公路、方便省时的自动洗衣机……高度现代化的美国生活没有迷惑住李乐民的眼睛，他想中国总有一天也会这样发达的，只要我们不闭关锁国，坚持改革开放。

月是故乡明，李乐民的心时时牵挂着国内。正如1950年华罗庚在归国途中发出的《致中国全体留美生的公开信》中说的那样："为了国家民族，我们应该回去。"

1982年8月下旬，年过五旬的李乐民结束在圣迭戈的访学，从美国加利福尼亚的旧金山国际机场启程回国。他带着从加州大学圣迭戈分校学到的经验和技术，带着从美国导师那里学到的思维方法，更是带着对祖国的一片赤诚之心，回到了成都电讯工程学院，依然从事他执着热爱的通信工程的教学与科研工作。

李乐民在检查试验设备

回国后，他积极向同事们介绍美国大学的教学和科研工作，强调要根据我国的国情，把教学事业搞上去，不能照搬美国模式。

早在1979年，成都电讯工程学院率先成立了三个以科学研究为主要任务，同时培养研究生的研究所——高能电子研究所、应用物理研究所以及微型计算机研究所，成为我国相关领域最重要的研究力量之一。

1984 年，时任成都电讯工程学院院长的顾德仁教授审时度势，提出创建一个信息系统研究所。在物色所长人选的时候，刚回国不久的李乐民成为他眼中的不二人选。

当时，李乐民是国内较早的国外有关学术期刊的审稿人，已为美国《IEEE 通信学报》审稿 10 多篇。他掌握了本学科范围内的国内外学术发展动态，多次参加电子工业部有关通信科研的规划会议，如“七五”通信科技发展项目规划等。他在科研上能对通信设备作系统设计与部件设计，理论联系实际，做出先进水平的科研产品，能用计算机做模拟试验，写出具有国际水准的创新性学术论文……

1984 年 7 月 11 日，成都电讯工程学院院长办公会讨论通过，任命李乐民为信息系统研究所所长。

李乐民对于学校的事从来不推辞，他毅然承担起筹建信息系统研究所的重任。研究所以他所在的通信教研室为基础，又从其他教研室调来一些老师，组成了信息系统研究所的核心研究力量。

李乐民和大家商量后，决定信息系统研究所由三个研究室组成。一室由陈尚勤等组成，研究方向为通信与信号处理；二室由洪福明、查光明等组成，研究方向为无线通信与扩频通信；三室由李乐民、吴诗其、李宝扬等组成，研究方向为通信传输与网络。

信息系统研究所成立后，大家都以百倍的热情投入到科研中去，李乐民的三室年均科研经费达到 100 多万元，整个研究所的年均科研经费更是超过 300 万元。研究所也产生了一批高显示度的科研成果，如李乐民等人完成的“140 兆比特/秒数字彩色电视光纤传输系统”课题获得了电子工业部科技进步奖一等奖。

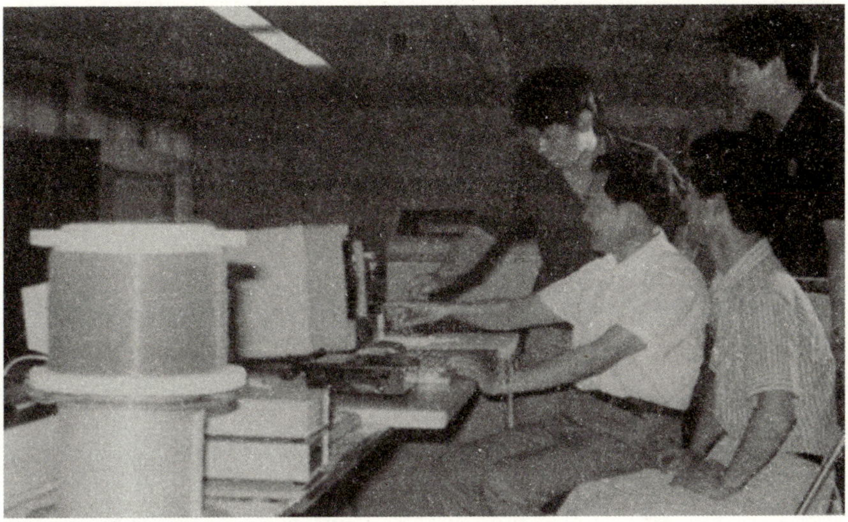

李乐民指导年轻教师

1970 年，光纤研制取得了重大突破，与半导体激光器的进展相配合，光纤通信逐步成熟，适于传输数字信号。1976 年，美国进行了世界上第一个实用光纤通信系统的现场试验，速率为 45 兆比特/秒。我国改革开放后，武汉、上海、北京、桂林等都研制出光纤通信试验系统。

李乐民接受担任“140 兆比特/秒数字彩色电视光纤传输系统”课题组组长，负责总体设计，梅克俊教授等参与课题。从制订技术方案到分机电路的调试，机架结构的定型，整机的布线和整机联调等，李乐民都亲自参加，掌握第一手情况，指导研究工作顺利进行，解决联试中的难点，顺利完成了任务，没有一点学术权威的架子。

李乐民等将彩色电视信号数字化，利用光纤进行传输，构成一套系统，研制出一部科研样机。“140 兆比特/秒数字彩色电视光纤传输系统”是成都电讯工程学院在国内较早研制成功的一个四次群的、具有长短波长兼容的、完整的光纤通信系统。该系统具有稳定可靠、传输质量好、抗干扰能力强、通信容量大等一系列优点。

在该机调试阶段，正是炎热的夏天，作为项目主要负责人的李乐民带领大家不顾酷暑、日夜奋战，使该机在 1984 年 7 月调试完毕，质量良好。

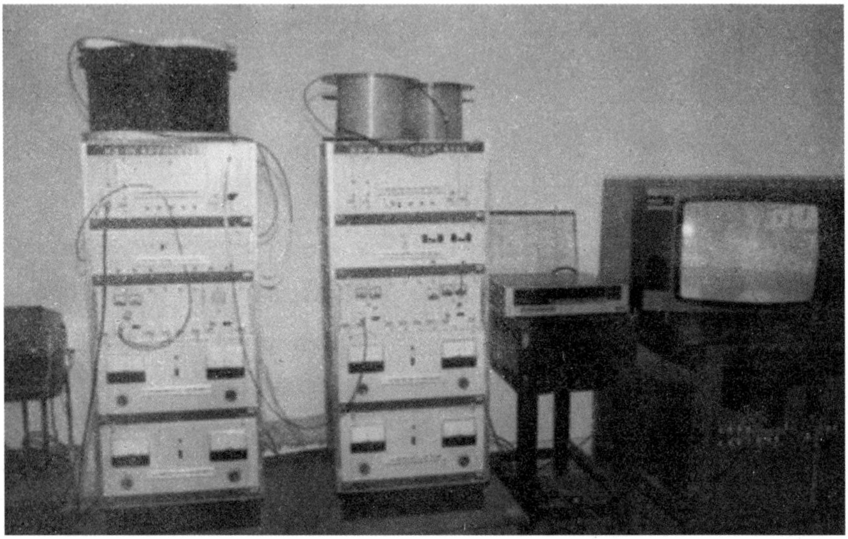

140 兆比特/秒数字彩色电视光纤传输系统

1984 年 11 月 7 日，国内多单位的专家参加鉴定会，一致认为该成果“是国内第一个提供鉴定的 140 兆比特/秒数字彩色电视光纤传输系统，其主要指标视频信噪比达到国际水平，对发展我国数字电视光纤通信有重大意义”。

李乐民和赵梓森、杨知行等编著了《数字通信传输系统》一书，人民邮电出版社 1986 年出版，从详细的基本原理讲起，阐述了数字光纤、数字微波等通信传输系统。

攻克了这个课题后，以太网的抗毁问题又引发了他的研究兴趣。李乐民最终用“环”形线路，来保证光纤网络的正常运行。在这个“环”上，如果某条主干线断了，信息可沿着“环”的反方向继续传输。

20 世纪 80 年代末，曾经参与某项工程的某研究所再次找到李乐民。他们又遇到问题了，就求助于敢啃硬骨头的李乐民。这个项目是为部队研制一个电视计算机综合应用系统，其中的信道终端机的视频部分成了某研究所的拦路虎。李乐民不负众望，成功地研制出了对方需要的产品。

信息系统研究所聚集了成都电讯工程学院从事通信领域研究的精英，他们在科学的征途上不断探索前进，科学研究活动有声有色，在国内外产生了一定影响，吸引了很多优秀人才，进一步壮大了信息系统研究所的实力。

1988 年，从东南大学无线电工程系博士毕业的李正茂（现中国移动通信集团公司副总裁）加盟信息系统研究所。他是成都电讯工程学院硕士毕业，在学期间听过李乐民讲扩频通信抗窄带干扰的课，因而其博士论文选择了该方面研究。

这位被人评价为“能力很强，很有战略眼光”的“中国博士”，在读博期间以学生身份发起创建了中国青年通信学术会议，该学术会议现在已成为业界青年学术交流的重要平台，他 29 岁就成为国家“863”计划通信技术主题专家组成员。

李正茂来电子科技大学工作后，积极参与了信息系统研究所的工作，他建议学校应该在国防口上建立重点实验室。1994 年 11 月，李正茂领衔申请的通信抗干扰技术国家级重点实验室被批准立项建设，他担任实验室主任。

现任通信抗干扰技术国家级重点实验室主任李少谦说，到了 20 世纪 90 年代，随着国际形势的变化，国家开始重视通信抗干扰技术，要大力发展抗干扰通信。国家开始寻找从事通信抗干扰技术研究的专业人才并准备筹划建立国家级重点实验室。这时，信息系统研究所第二室经过长期不懈的努力，填补了我国通信抗干扰技术的若干技术空白，最终促使通信抗干扰技术国家级重点实验室落户电子科技大学。

2000年12月，李乐民访问香港联通公司（左为李正茂）

实验室成立后，紧紧围绕国家科技战略目标和高新技术的发展趋势，开展探索性、创新性和重大关键技术的应用基础研究，建立了无线与移动通信技术领域具有国际先进水平的开放式科学研究平台；实验室的无线与移动通信技术研究水平处于国内前列，在国际上有一定影响，为我国无线与移动通信技术的发展做出了突出贡献。

20世纪80—90年代，李乐民、孙海荣等人又在ATM（异步转移模式）网络相关技术方面开展了大量研究，参与了许多科研项目，取得的成果达到了国内先进水平或国际先进水平。

有一天，唐明光教授来到李乐民办公室，谈论研究所的发展问题。他问李乐民："你看，依照我们现有的基础，能不能成立一个国家实验室呢?"李乐民当即表示这个想法很好，说"可以一搏"。为支持基础研究和应用基础研究，1984年，原国家计委组织实施了国家重点实验室建设计划。1984—1997年，是我国的国家重点实验室起步阶段。

他们去咨询中国科学院院士林为干教授有关问题，林院士对李乐民联合电子科技大学光电信息学院等所有研究光纤通信的力量的思想极为赞同。

李乐民就开始负责国家重点实验室的筹建工作，准备撰写申请材料。在去北京答辩之前，李乐民将答辩稿子背得滚瓜烂熟，自己看着手表一遍遍演练，“必须在规定的时间内将我们自己的实力陈述出来，让人信服”。

在正式答辩的12分钟里，李乐民阐述了电子科技大学为什么要成立这个实验室、又有哪些基础力量、今后的发展方向等。他的答辩打动了苛刻的评委，得到了专家们的肯定。

1994年，经过李乐民等人的不懈努力，宽带光纤传输与通信系统技术国家重点实验室落户电子科技大学。大家无不激动万分，热泪盈眶，这是电子科技大学的第一个国家重点实验室。在我国国家重点实验室建设的起步阶段，就申请到国家重点实验室，表明他们的研究走在了国内前列，是本领域的国内研究中心。

随着国际通信技术的飞速发展和通信产业的急剧扩张，各方面对通信网络技术研究人才的需求极为迫切，几乎所有的优秀毕业生和几位教授均先后赴海外工作。有些人由此认定信息系统研究所衰退了。

而李乐民则持相反的意见——信息系统研究所衍生出了宽带光纤传输与通信系统技术国家重点实验室、通信抗干扰技术国家级重点实验室，“这是生长，是很不容易的”。

李乐民担任信息系统研究所所长期间还组织学术梯队，积极为学校申请博士点。他花了相当多的时间编写“通信与电子系统博士点”申请书和博士生导师申请书。之前，学院也组织申请过，但是没能成功。李乐民在美国发表的5篇有影响力的文章为博士点申请增添了成功的砝码。

“通信与电子系统”的基础始建于成都电讯工程学院成立之

初，1981 年首批获硕士学位授予权。1986 年 5 月，国家学位委员会评议通过，在成都电讯工程学院建立“通信与电子系统”博士点，标志着学院在这个方面跻身国内一流水平。

同年，李乐民被批准为博士生导师。刚开始时，该博士点是跨系的，且只有李乐民一人为博士生导师。他就团结相关的教授，积极争取科研项目，来共同建设博士点。

有些教授推荐自己的优秀硕士生到李乐民名下为博士生，李乐民就请那位教授担任博士生副导师，做与硕士论文有继承性的研究课题，顺利取得博士学位，得到好评。做李乐民科研项目的博士生也大多取得优秀成绩。但是，早期毕业的博士生大多去了国外。

李乐民与学生们在一起

1986—1988 年，当时的国家教委在全国高等院校中，开展了首轮国家重点学科评选工作。重点学科是对有博士学位授予权的二级学科进行详细考核后，择优确定并计划安排重点建设的学科，是评定二级学科的最高等级。

在得知国家即将评选国家重点学科时，李乐民找到学校里的有关学术带头人一起商量。他们认为，应该乘着博士点获批的东风，拿下重点学科。

国家重点学科是国家根据发展战略与重大需求，择优确定并重点建设的培养创新人才、开展科学研究的重要基地。只有那些学术水平、科研成果、师资力量、在国内外的地位和声誉突出的学科，才会被评定为国家重点学科。国家重点学科应具有的基本条件十分苛刻严格。比如，在学科方向上必须对推动学科发展、科技进步，促进我国经济、社会、文化发展和国防建设具有重要意义。

1988年，“通信与电子系统”（后来改称为通信与信息系统）与“信号、电路与系统”，联合申请国家重点学科，并成功获批，表明该学科在全国同类学科中是位居前列的，国家通过给予资金以及政策的倾斜保证该学科的发展，使其保持在国内的前列地位，并向世界一流学科冲击。

在2002年“通信与信息系统”国家重点学科评估中，李乐民作为学科带头人，亲自撰写学科总的情况报告，并组织大家分成各个研究方向如实编写材料，还进行通读修改报告。最后，电子科技大学的“通信与信息系统”在评审投票时得到100%认可，成为国内第一批重点学科。“信号与信息处理”也被评为国家重点学科。

2007年，国家对通信与信息系统学科又一次进行考核评估。李乐民再次参加了材料编写，并通读修改报告。结果，该学科继续蝉联国家重点学科。在这次评估中，电子科技大学的“信息与通信工程”一级学科（含“通信与信息系统”和“信号与信息处理”两个二级学科）被认定为一级学科国家重点学科。

李乐民曾经说过，当时选择到上海交通大学电机系学习电讯，看来还是选对了——通信成了国家发展最快的产业之一。

从大二学电讯，屈指算来已经60多年了。李乐民对于建设新中国自己的电子工业、生产自己的电子设备以及国家的通信事业做出了自己的贡献。

从砖头一样的“大哥大”很少人用得起，到小巧玲珑的手机，人人都买得起。IP电话越来越普及，电脑进了千家万户，互联网深入人心，人们在网上可以看电视、看电影、购物等，这在几十年前是无法想象的。

李乐民以前天天去图书馆，现在只要网络一点，什么学术期刊都可以看到。互联网对人们的生活影响之巨大，超过了所有预言家的想象。而今后网上还会发生什么，也没有人能够预测得到。

李乐民看到，传统的 Internet 采用了 IP，但当初设计思想与目前情况不适应，经过这么多年的发展后，存在的许多问题逐渐暴露了出来。当初在设计通信网络时，设计师都认为只是用于科研，认为网络用户都是友好的，没有考虑到现在的网络会是如此发达。仅仅是科研，还用于军事、商业运作和个人。没有考虑到它的移动性，而且网络的透明性和边缘多样性也没有被考虑进来。对于这些凸显出来的问题，有两种解决办法：第一是一点一点改进，第二是从根本上重新设计。

30 多年前，人类发明了 IP 网络，30 多年后的今天，这一技术得到了广泛的应用。那么，15 年、30 年以后，网络的发展又是什么样？未来网络到底应该怎么来做呢？

李乐民认为通信将会朝着宽带化、分组化、个人化、智能化四个方向发展。所谓宽带化即高速化，将光纤广泛应用于通信网络的建设中来，使通信能传输的频率范围足够宽，单位时间能传输的信息足够多，建立起高效率的通信网络，无线通信也要宽带化；所谓分组化，即是建立起一个能有效地支持多种业务运行的通信网络；所谓个人化，即是无论谁与谁，在什么时间、什么地点都能通信，达到完全畅通无阻；所谓智能化，就是更安全、更方便，向着能够更好地满足用户需要发展。

2005 年以来，美国、日本和欧盟等国都先后启动了以构建新一代网络体系结构为目的的有关研究计划，都想要在未来网络建设中取得领先地位，一场世界范围内设计新一代通信网络结构的竞争已经开始。

美国政府一直就非常重视新网络的研制，希望自己的技术领先世界 15 ~ 30 年。为此美国国家自然科学基金会投资 3 亿多美元，提出“全球网络环境研究 GENI”项目，其意在从根本上重新设计互联网，以克服现有互联网的缺陷，打造一个更适合于未来发展的“下一代网络”。英国《自然》杂志在2010年2月4日刊登了新闻特写稿《网络：重新发明互联网的四条路线》，介绍了美国的相关工作。

除此，还有美国的DARPA项目、欧盟的FP7 ICT项目和FIRE项目、德国的G－Lab项目、日本的AKARI项目、韩国的“绿色IT国家战略”项目等。其中，欧洲的FP7 ICT项目研究经费更是高达91亿欧元。

中国也在同期依托国内该领域先进的高校和研究机构执行我国新一代网络体系研究计划。国家重大基础研究计划（“973”计划）项目中，有首席科学家张宏科领导的“一体化可信网络与普适服务体系基础研究”，孟洛明的“可测可控可管的I P网的基础研究”，吴建平的“新一代互联网体系结构和协议基础研究”，刘韵洁的“面向服务的未来互联网体系结构与机制研究”等。“十五”期间的“863”计划设立了重大专项，“高性能宽带信息网—3TNet”，研制Tbps级光传输系统、Tbps级自动交换光传送网络、Tbps级路由器。我国还正在进行NGB（下一代广播）网络建设，核心带宽为Tbps级，保证用户接入带宽超过60Mbps。

我国的科技工作者们正积极创新，其中信息领域就包括研究新的网络体系，改进传统电信网难以适应宽带化和流媒体业务的缺陷等。提高网络安全性，提升实时业务的质量等都是我国学者当前研究的热点。

2007年，国家“973”项目：一体化可信网络与普适服务体系基础研究被批准立项。李乐民被聘为该项目专家组专家，他的研究团队也承担了这个项目的课题。

这个项目的首席科学家、北京交通大学教授张宏科，曾是李乐民名下的博士。申请这个项目的时候，他认为自己的力量不够，需要联合国内在该领域有造诣的老专家。他立马就想到了母校，想到了李乐民。

李乐民花了很多时间和精力来修改张宏科编写的申请书，为张宏科化解了一些难题，让张宏科十分感动。

张宏科清楚地记得申请“973”项目答辩的时候，“李老师不但帮助制作答辩幻灯片，而且亲临答辩回答专家的提问，使得项目能够通过答辩并立项”。在整个项目的开展过程中，每次项目研讨会，李乐民都不远千里，拨冗出席，并提出了很多宝贵意见。

现在，项目已经初步构建了新一代标志分组网络原型系统。该系统在新的网络体系框架下，通过引入骨干网和接入网分离映射机制，在很大程度上解决了传统网络在安全性和移动性等方面的问题；通过引入统一的标志管理机制，初步实现了新一代网络的可控、可管。将最终研制出新一代网络原型并进行推广，有望对互联网的发展起到划时代的作用。

2011 年，该“973”项目通过验收，评价为“优”。2013 年 1 月，张宏科申请到的又一个“973”项目“智慧协同网络理论基础研究”启动，李乐民为专家组专家。

从美国回来后，李乐民意识到宽带网络将是今后的一个热点。

20 世纪 80 年代，我国的网络十分落后，李乐民就把他的研究方向定位在数字通信传输和通信网上。他侧重宽带通信网络技术研究、方案探索、理论分析和设备研制，并取得了一些成果：“140 兆比特/数字彩色电视光纤传输系统”获电子部科技进步奖一等奖、“宽带综合业务局域网关键技术与系统”获机械电子工业部科技进步奖一等奖……

在与通信相关的国际会议上总能听到李乐民的声音。他参观过美国贝尔实验室、日本富士通公司等世界著名通信企业和研究机构。美国堪萨斯州立大学、香港科技大学等高等学校都曾和他有合作研究关系。

李乐民访问美国加州理工学院（2009 年 9 月摄于校门）

光纤的发明，引起了通信技术领域的一场革命，这是信息社会的一大基础。“随着信息量越来越大，现有网络将难以胜任，未来将发展更高速的光网络，将现有网络扩充 1000 倍”。李乐民在不同场合多次重申这一点。

宽带网络将是未来的一个热点研究领域，他和王晟教授等人将研究重点投到 IP 网络技术、光网络和网络安全等方向的应用基础研究。

几年下来，李乐民在光网络研究领域收获颇丰。在 2011 年 4 月的 EI 数据库里，输入关键词“Optical Network Algorithm”，有李乐民名字的论文数目排在全世界最前面。

全光网络，是指信号只是在进出网络时才进行电/光和光/电的变换，而在网络中传输和交换的过程中始终以光的形式存在，数据将以更快的速度传输，提高了网络资源的利用率。全光网络可以提供太比特/秒的信息速率。著名的华为、中兴和烽火等制造的低中端产品与国外的很接近，甚至超过了国外，而且服务好。李乐民回忆 1993 年去美国贝尔实验室及相关通信公司考察时，中国的光纤通信技术还较为落后，而现在“我们与国外的差距就在于最高速率那一档”。

近年来，李乐民及其所在团队先后承担了国家自然科学基金重大项目课题“WDM 全光网与 IP 网络结合的研究”、国家“863”计划重大项目“光突发交换关键技术及试验系统”、国家自然科学基金委与香港研究局联合基金项目“多业务无线蜂窝网中的资源管理研究”“网状智能光网络的生存性研究”等 10 余项国家自然科学基金面上项目，以及多项国家“十五”“十一五”计划项目和企业委托项目。

已经步入信息时代的人类，面临着“信息爆炸”的危机，各个领域的信息量成百上千倍地增长，这不仅意味着信息处理工作量的加大，同时也意味着信息传输的数量也大大增加。因此，信息时代要求信息技术必须适应这一新变化。作为信息技术重要分支的通信技术，它承担着运载和接收、发射信息的任务，其工作对象包括声音、图像、文字，其发展速度因为时代的迫切需要而日新月异。

前景无限好，我国通信技术的研究正处在“云霞出海曙”的黎明阶段。它正为数字通信的深度利用展示光辉而广阔的前景，而且可能以通信技术研究为突破口，照亮各种信息资源深度利用的道路。

著名作家莫泊桑曾经说过：一个献身科学的人就没有权利再像普通人那样生活。学术上有所成就，必然会失掉不少常人的乐趣，但也会得到常人所享受不到的乐趣。科学使得已经 80 高龄的李乐民乐在其中，焕发出青春的活力。

已经 80 多岁的李乐民，在通信领域探索了 60 多年，至今还没有停止前进的脚步。他用自己的坚持与执着，坚定地行走在科学的大道上。他用毕生的信念，写就了一段令人高山仰止、景行行止的通信人生。

年过八旬的李乐民依然精神矍铄

作为中国工程技术界的专家，李乐民极力支持将科技成果转化为现实生产力，为地方经济出谋划策。“院士虽然是国家评的，但还是要为地方做点直接贡献。”在他心中，院士这一神圣的称谓，不仅仅是荣誉，更是一种责任。

四川一直是国家电子制造业的重要基地，也形成了比较完善的产业基础。进入新世纪以来，由于电子信息产业日益重要的作用，四川省省委省政府把电子信息产业作为四川省的“一号工程”提到了重要的地位。

作为我国电子信息领域的院士，李乐民认为尽管已把电子信息产业列为“一号工程”，但在扶优扶强上还缺乏应有的机制和细化的措施，应创造相应的环境，催生年销售上百亿元的大企业，引领四川工业进一步做大做强。四川应该催生年销售上百亿元的大企业，缩小四川和沿海的差距，促进四川和成都的跨越式发展，首先应该用信息化的手段，从发展工业入手。

“成都向来以科技资源丰富、科研实力雄厚为傲，但为什么始终没能诞生像青岛海尔那样的巨型科技航母企业？拥有自主知识产权、一年销售收入达上千亿元的企业对城市发展的推动作用是不言而喻的。”李乐民在一次由成都市科技局组织的咨询会上的发问振聋发聩，引起了场内共鸣。

“问题究竟出在哪里？”他接着阐述，科技进步是整个城市发展的第一推动力和不竭动力源，最直接的表现就在于自主创新能力的培育和科技成果转化对社会发展的实际效果，最表象的体现就是看这个城市有没有科技型的明星企业，例如硅谷孕育了微软、中关村成就了联想，而在这方面成都还要努力。

塑料光纤是一种芯层与包层都是光学透明塑料的圆柱状纤维，可以传导从蓝光到红光的各种可见光。与石英光纤相比，具有芯径大、易连接、抗振动、柔韧性好的显著优点。与金属线相比，具有抗电磁干扰、传输速率大、密度轻等优点。因此，在需要高传输速率、抗干扰、抗振动的特殊场合，如汽车、飞机、工业设备等，塑料光纤通信系统具有优势，是未来技术发展的一种选择。

2010年6月1日，国内唯一一家国家级塑料光纤工程实验室——“塑料光纤制备与应用”国家地方联合工程实验室揭牌仪式在崇州市举行。李乐民和有关领导共同为这家实验室揭牌。

李乐民认为，经过近10年的努力，国内塑料光纤研发生产单位，特别是四川汇源塑料光纤公司，在低损耗塑料光纤产品的产业化方面，已经取得技术突破，并且赶上了国际先进水平。但是技术研究与国际相比，还有相当的差距。国际上在汽车、飞机、工业设备上应用已经非常广泛，而中国在高端应用领域的产品技术基本为零。研究应用于各种专业领域的塑料光纤通信系统及其配套器件产品，对中国整个科研界与工业界来说，具有非常重要的意义与紧迫性。

因此，他担任了这个国家和地方共建实验室的技术委员会主任。“塑料光纤和我们学校的研究方向有关联，又是四川的事，我当然得全力支持。”

李乐民主持塑料光纤制备与应用国家地方联合工程实验室2012年技术委员会工作会议

他希望工程实验室利用各研究室的研发优势，结合市场需求导向，共同进行塑料光纤通信系统的相关技术研究与产业化开发，建立完善塑料光纤产业链，促进我国汽车、火车、飞机、舰船、传感器、工业设备、消费电子以及国防等领域的技术进步，提高企业自主创新能力和产业核心竞争力，促进中国经济发展。

2010年年初的一天，李乐民正在办公室修改学生的论文，几个操着闽南口音的人敲开了他的办公室。

他们自我介绍来自福建省泉州市丰泽区，有区政府副区长、区科协主席和一家名叫先创电子有限公司的董事长助理。

寒暄之后，这群不速之客说明了来意。泉州市丰泽区正在搞“院士专家工作站”，他们区内的福建先创电子有限公司是专业从事研发、生产移动通信网络覆盖产品并提供网络优化方案设计及工程组网的高新技术企业，希望李乐民进驻“院士专家工作站”，指导企业发展。

李乐民静静地听着，不住地点头，“你们是怎么找到我的？”

先创电子有限公司的董事长助理说，“国内通信领域的院士不多，掰着指头就可以数过来。我又毕业于电子科技大学，读书的时候听过李院士的讲座。知道您是搞通信研究的专家，所以我就和公司老总和区政府建议来成都找您。”

2010 年 5 月，李乐民访问福建先创电子有限公司
（左为先创电子有限公司董事长戴国良）

李乐民所在的通信与信息工程学院有一帮从事通信研究的教授，可以利用这个机会，将“院士专家工作站”搭建成一个资源

共享、技术创新、成果转化、交流合作的平台，对学院发展也是十分有利的。同时，对于提高企业的自主创新能力和核心竞争力，对带动高新技术产业尤其是电子信息产业的提升和发展具有重要的现实意义。这是一个双赢的结局，何乐而不为呢？

因此，李乐民原则上同意合作建立“院士专家工作站”，并提出先去福建泉州考察了解。

2010 年 5 月 11 日，在泉州市、区领导的陪同下，李乐民就加强“院士专家工作站”建设一事专程前往先创电子有限公司参观考察并进行交流座谈。

李乐民对先创电子有限公司的技术实力、产品等都十分认可，次日，李乐民就在“院士专家工作站”合作协议上签字，同时受聘为先创电子有限公司的“高级顾问”。

“他们经常拿些项目方案过来，让我们看看行不行。”

在李乐民的指导下，先创电子有限公司从事电信设备、通信软件、通信终端等项目的研究，引进高端人才、项目，企业自主创新得到了很大提高。

李乐民在海峡两岸光电论坛暨产业对接会上作报告

2010年4月，第十四届台交会的重头戏——“2010海峡两岸光电论坛暨产业对接会”系列会议、对接活动和展览在福建厦门举行。李乐民受邀参加大会，并为海峡两岸的光电产业界巨头作主题演讲。

成都是李乐民工作单位所在地，也是他的第二故乡，他更是千方百计为成都的地方经济社会发展出谋划策。

成都力图打造成“西部通信枢纽”，李乐民给市政府有关部门建议：成都无线通信专业人才聚集，科研资源丰富，产业有一定基础，具备条件且非常有必要大力发展无线通信产业，打造国内一流的无线通信产业园区，从而提高成都软实力，带动相关产业发展。

物联网被世界公认为是继计算机、互联网与移动通信网之后的世界信息产业第三次浪潮，对整个国家的经济社会发展和信息化水平提升，有着重大意义。有专家预测，物联网将成为一个万亿元级别的超级通信产业。

成都作为国内首个中心城市出台物联网产业发展规划，规划到2012年基本建成物联网应用中心、物联网研发中心和物联网信息安全中心，初步形成物联网成果孵化基地和产品制造基地，初步构建起物联网产业创新体系、应用推广体系、标准研制与验证体系、公共技术服务体系、信息安全基础体系和产业要素保障体系。物联网产业力争实现300亿元以上的产业发展规模，形成20家以上龙头企业、集聚100家以上骨干企业。

李乐民建议要清醒认识、客观评价物联网的作用，充分思考发展物联网产业着重做些什么事情，若技术研发后端的综合利用做得不好，那么物联网就只有停留在“感知”阶段，而不能带动产业发展和产业链形成。

李乐民时刻关注着通信产业的发展。他担任了全球领先的电信解决方案供应商——华为公司的顾问，与华为员工讨论通信产业发展前沿问题，并与华为进行科研合作。他担任《中兴通讯技术》编委，为业界提供技术支持。他不是只埋头于实验室的“老古板”，他致力于将研究成果转化，为国为民造福。

李乐民参加《中兴通讯技术》杂志第 14 次编委会

第七章

淡泊名利的“上士”

在网络还不曾普及、不发达的时候，李乐民有着浓厚的“图书馆情节”。

妻子彭水贞说，早年在上海交通大学做系秘书时，李乐民每天上午10点以前都泡在图书馆里，看完书再去系办公室。

在没有Internet的时代，国外的期刊和会议录，要在出版半年至一年后，才能到学校图书馆。而北京的图书馆会早到几个月，所以，每次李乐民到北京出差开会，都会去图书馆查阅复印最新的资料。有次在北京参加全国人大会，他利用会议间歇去图书馆查找资料，被媒体“逮了个正着”。

李乐民的博士生、后留校任教的王晟教授说，读博士的时候，他查阅文献常到学校图书馆。无论王晟去得多么勤，都会看到阅览室进门登记册上，有李乐民的名字。查阅文献即使对年轻人来说也“繁重而耗神”，可是早已过了普通人退休年龄的李乐民，却能“坚守一种单纯的学术兴趣”，常年不懈。

李乐民每天都在看论文，而且特别仔细，会提出一大堆想法，让王晟他们去修改。如果在某个网站上看到一些同行有价值的文章，“他就会立刻打电话给我们，说你们去看看”。

认识李乐民的人都认为他是为科研、为工作而生的，现在80高龄还整日奔波在科学研究的大路上。

“他不工作干啥？他能玩啥？”

“除了搞科研，他还有什么兴趣？”

“他没多大爱好，不追求享受。”

出生于旧社会，成长在新中国，新旧社会的强烈对比，让李乐民浑身充满了建设新中国的激情，生命不息、奋斗不止，有人说他“是一位长跑型院士”。他的研究往往都具有前瞻性，结合国家需求、国防建设需求，不断开拓。只有把个人融入集体、国家，才能体现完整的自我价值。

晚上加班也是李乐民生活的常态。有一段时间晚上通信大楼电梯不开，当时年近七旬的李乐民经常“散步”到9楼的办公室加班，李乐民颇以此为乐，有意走上去的，锻炼身体。现在，80多岁的李乐民还经常在办公室待到晚上11点钟才回家。已从事科研工作60年的他，无论是在困难的年代还是荣誉等身的今天，始终保持着旺盛的工作热情。

李乐民曾经有一个“爱好”——出差开会。因为在办公室有很多人找他，很难安静地看文章，出差开一个星期的会，李乐民会带足可看好几个晚上的资料。白天开会，晚上哪里也不去，窝在房间里看文章。

李乐民的祖父退休后，没事就下象棋，李乐民受他的影响，小学时就迷上了象棋。他还买书琢磨棋谱，看如何才能胜人一筹。就是现在，他走在路上看到有人在下棋，还会走过去看上几眼，有时还忍不住给对弈的双方支支招。

虽然很喜欢下象棋，但自从工作后，他就没怎么下过，“要做的事情太多了！”

中学时，李乐民学会了打桥牌，现在也没时间打了，但是还是很感兴趣。每次看《CHINA DAILY》，首先他就会翻到解说桥牌的那一个版面，花一丁点时间来重温“旧梦”。

团队或者学院组织郊游、团拜会等活动，大家都在打麻将、打扑克等娱乐放松，李乐民从来不打，也很少去“围观”，他宁愿去外面转转，散散步。

李乐民的妈妈身体不好，经常患病，舅舅身体也曾经很差。李乐民很小的时候就注重身体锻炼。加之家住在东吴大学里，李乐民几乎每天都去锻炼。上大学后，他认识到“好的身体对工作有好处，可以为祖国多作贡献”。

在上海交通大学读书时，每天早上可以看到李乐民在校园里跑步。课余时间，李乐民还活跃在操场上。“单杠、双杠，我都不错，特别是爬竹竿非常快，只用手不用脚，一溜烟就爬到了顶”。

健康的身体给了李乐民“革命本钱”，让他精神百倍地投入到教学科研当中去。80 高龄的他现在还坚持在天气晴好的时候出来散散步。

李乐民从来不睡懒觉，每天早上 6：45 就起来，即使周末也是 7：30 就起来了，而他 80 岁前每天晚上都是接近 12 点才休息。

有一年冬天的某个晚上，李乐民在家里浏览学校的 BBS，看见有同学想买棉絮，但不知何处有卖。他本人没有可以发帖的账号，就马上打电话到实验室，让学生发帖，告诉那位同学好又多正在卖新疆棉花做的棉絮，很保暖，价格是多少……这件事在当年的 BBS 上传为美谈。

亲友们说：“他就是这样，对生活充满热情，有几分童趣。”学生们都亲切地叫他“李爷爷”。

2013 年 2 月，李乐民因心血管病住了两次医院。出院后仍热心地做一些工作，但注意休息，晚上一般 10 点半前入睡。

1994 年成立的中国工程院，是我国工程技术界的最高荣誉性、咨询性学术机构。

1997 年 11 月，李乐民当选为中国工程院院士，这无疑是对他多年来助推我国工程科学技术水平不断提高的褒奖。

李乐民当时正在香港中文大学访问，彭水贞在电话里告诉他这一振奋的消息。

他说：“哦，知道了！”

现在微软总部工作的叶明从美国打电话向他祝贺时，他说：“我当院士了？好！”

“我们都不禁为这样的好消息而欢欣鼓舞，然而李老师却是那么的淡定，他的神态仍是那样平静，步伐仍是那样从容，仿佛一切都是自然而然，他仅和我们简单谈论了几句后就又专心投入到研究工作中。”当时正好在香港中文大学信息工程系攻读博士学位的冯钢教授，对那天的情形记忆犹新。

在李乐民看来，只要能为祖国的科学事业做些有用的事，即使一生都是幕后英雄也是一种莫大的幸福。

他的爱人很高兴：这么多年，做了那么多事，这次总算是得到了肯定。

彭水贞对李乐民最不满的就是，“太低调，吃了亏也不说”，经常说他只知道埋头做科研，不知道去申请各类奖项。“你不去申请，人家都不知道你做了些什么事”。

1991年李乐民获得国家自然科学奖，这个奖的申请材料都是彭水贞在操办。当时李乐民参加全国人大会去了，临走时还对彭水贞说，不要去报什么奖项之类的。彭水贞没有听，背着他将李乐民的科研成果整理出来，这才申请到这个奖。

的确，李乐民一心只追求学术，不刻意追求奖项，对各类奖项、申请院士很是淡泊。做了很多项目，没有去申请奖项。花了很大力气攻克某项工程的核心设备技术，却连个名字都没有。

追溯李乐民从20世纪50年代开始的科研之路，他一直走在国内通信领域的最前沿。

20世纪50年代，搞载波电话研究的时候，他所做的频分多路通信发送电平预先倾斜研究在国内是领先的。

在北京邮电学院进修，按照研究生的要求做论文研究，能把自己的论文发表，且被工厂应用，在当时也是不多见的。

他是国内少数几个最早开设《时分多路通信》课程的。

几项国家重大工程，难于解决的关键技术，他解决了。

20世纪80年代初，两年时间发表三篇IEEE论文，并被国际同行引用百余次，在当时的国内通信学术界属少见。

20世纪80年代，《中国大百科全书·电子学与计算机卷》邀请李乐民撰写了数据通信、调制解调器、均衡技术和基带传输4条释文共计8000多字。

20 世纪 90 年代初，在即将到耳顺之年，申请到宽带光纤传输与通信系统技术国家重点实验室。

1986 年，李乐民组织国内多位专家参与编写了 45 万字的《数字通信传输系统》，由人民邮电出版社出版，他编写 20 余万字并修改了其余 25 万字。

李乐民认为，人生一世，必须要对人民、对国家乃至对全人类有所贡献和创新。在他看来，不管是理论研究，还是应用实践，都离不开创新。只有创新才能赶到国际先进行列中去。回顾历史，任何具有突破意义的创新，都会推动社会经济大发展。以通信为例，莫尔斯电码、CDMA、光纤通信……每一次的突破都极大地推进了人类进步，丰富了人类的生活。

李乐民在家研读国内外学术资料

有敏锐学术眼光的李乐民就一直在通信领域努力创新，超越自我，取得了累累硕果。他有着中国人的优良品质：谦虚、低调、踏实、实干，不浮夸，坚持做科研，几十年如一日。他总是说，他是在新中国的培养下成长起来的，工作做不好会对不起国家。

在李乐民看来，获奖不是终极追求，把问题搞清楚并解决好，为社会多作贡献才是正道。这就是李乐民的“成果观”。

有人说李乐民是“雷锋型的院士”，不计较个人得失、不计名利，十分超脱，对学术和技术之外的事不感冒。在他的心里，国为重、家为轻，科学最重、名利最轻，守望和追求的是坚不可摧的科学梦想。对他来说，科学研究是一种美的享受，正如居里夫人说的，“科学探讨是一种至美”。

20 世纪 90 年代初，上海交通大学曾向电子科技大学提出，希望李乐民回母校工作。交大给李乐民许诺，回来的话就给他一套 120 多平方米的房子，“房子在徐家汇，都打扫好了，空了一年多”。

二舅金忠谋、表哥林宗琦在上海交通大学任教，李乐民的很多朋友也都在那里。但是，李乐民不为所动。他说，我不能自顾自地就走了，当年国家把我安排到这里，我不能轻易离开。他显然是将自己的根深深地扎在电子科技大学这片沃土里了。

位于四川成都的电子科技大学

虽然没有去母校，但是他觉得应该为母校作一些力所能及的贡献，便答应做母校的兼职教授，指导研究生。李乐民就在上海交通大学招了三个博士生，他们毕业后两个在高校任教。他认为隔得太远了，指导起来很麻烦，也是出于对学校和学生负责，现在他就不在上海交通大学带研究生了。

杭州某大学也想把李乐民“请过去”，他依然不为所动，也同样地做了那个学校的兼职教授，“也算支持家乡的高等教育事业”。李乐民有时间就去那边做个报告，参加他们举办的国际会议。

《颜氏家训》有句话：上士忘名、中士立名、下士窃名。上士将名利彻底淡忘，中士靠自己的成就把名立起来，下士自己不行就窃取别人的名利。

李乐民无疑是国之上士，视名利如过眼云烟，淡定而超脱。正所谓：宠辱不惊，看庭前花开花落；去留无意，望天空云卷云舒。

第八章

连任五届全国人大代表

1986年，李乐民被增选为全国人民代表大会代表，让他没有想到的是，这一当就是20多年。

从1987年3月，李乐民第一次走进神圣庄严的人民大会堂参加第六届全国人大五次会议，到2007年最后一次戴着全国人大代表证出席第十届人大五次会议，李乐民连续当了21年的人大代表，成为四川省代表团里的老面孔和老资格。有关部门希望李乐民继续做第十一届人大代表。他说，我年纪大了，还是把机会让给年轻人吧！

在20多年的人大代表生涯里，李乐民每年按时参加会议，认真讨论《政府工作报告》等国家大事，积极行使人民赋予的权利，为国家经济和社会发展建言献策，写了很多建议。

李乐民认为一个称职的人大代表就是要敢于发表自己的意见、发出自己的声音。担任全国人大代表期间，虽然工作压力大、时间紧，但他仍然将履行人大代表的职责看作自己分内之责。

在上学的时候，李乐民不太关心政治，工作后也是如此，很少看电视。但是自从当了人大代表后，他就积极参政议政，“要做就做好，不辜负人民的重托”。

从1987年起，李乐民当人大代表的21年间，坚持天天看《新闻联播》、看报纸的习惯，纵览国家大事、了解民生需求。他广泛征求学校师生及各界群众的意见及建议，及时将群众的呼声传递给上级有关部门，为国为民提出了很多好的建议。

作为一名教育工作者，李乐民十分关心我国教育事业的发展，在他的建议中，关于增加教育经费、改善青年教师待遇、解决离退休同志工资等都反映了群众关心的问题，都引起了国家的重视。

李乐民曾收到一封《致各级人大代表和政协委员的感谢信》，信的最后署名是中央、军工、四川省在成都市的国有大中型企业、成都市市属国有大中型企业所属国有企业普通中小学近三千名退休教师。

李乐民在北京参加全国两会

崔桂珍、刘秀琼、刘景天、罗桂清等几个人是这三千名退休教师选出来的教师代表，他们向有关部门写联名信，希望按照教师法解决他们国企办中小学退休教师的待遇问题。写了两三年，联名信如石沉大海，杳无音讯。

2003 年，他们的问题引起了四川省人大的高度重视。他们根据省人大提供的名单，找到在川院士、博导、学者代表，委托他们反映情况。李乐民和四川大学石碧教授（2009 年当选为中国工程院院士）等全国人大代表，非常关心和重视国企办中小学退休教师的待遇问题。

四川籍全国政协委员吴正德，也在全国政协第十届一次会议上反映该情况。政协信息专报载文建议：国企中小学退休教师执行同地方退休教师相同的待遇。

在这一年的第十届全国人大召开期间，李乐民和石碧教授等人联名写了国企中小学退休教师应该执行同地方退休教师相同待遇的建议。

当时写这个建议是有风险的，有位领导对此事已“关照”过：这个事情不要再去反映了，到此为止。

签字的时候有人退缩了，李乐民在第一建议人石碧教授后面庄重地签上了自己的名字。李乐民认为，人民代表就要为人民，要对得起自己胸前挂着的全国人大代表证。

2004 年 1 月 20 日，国务院下发 9 号文——《国务院办公厅关于妥善解决国有企业办中小学退休教师待遇问题的通知》。

大家按捺不住内心的激动，奔走相告。教师代表罗桂清很激动，“这些教师在自己的岗位上工作了三四十年，可是他们档案里的岗位记载，有的是空白，有的是工人，有的是特殊工种，有的是管理岗位，不一而足。办社保时也遇上难题：企业里没有教师，只有工人和干部。教师身份得不到承认。这件事情解决后，老师们非常高兴、非常激动，非常感谢党中央、国务院。“这件事让我切身体会到‘依法行政，立党为公，执政为民’‘群众利益无小事’的深刻内涵和实践意义。”李乐民说，自己参与的建议得到采纳，问题得以解决，这是对他巨大的鼓舞。同时，也让他深感人大代表制度的优越性和自己身上肩负的重大政治使命。

军队代表、成都军区某军械雷达修理所工程师邓晓宏，还记得那年全国两会期间和李乐民会面的情景。

下午 1 点，邓晓宏来到李乐民住宿的 1611 房间，看到了仰慕已久的李乐民。

“今年国防经费适度增长，我们四川省的代表反映都很好，国防和经济两个轮子应该一起转。”李乐民说。

“李教授，我们军械雷达修理所的全体官兵学习了胡锦涛主席的重要讲话后，非常激动，贯彻落实讲话精神就要立说立行。今天，我受全所同志委托来找您。我们单位离电子科技大学很近，想与学校建立技术协作关系……”邓晓宏代表的话还没说完，李乐民就连连点头。

“我经常与部队科研机构打交道，也带过部队研究生，对军队很有感情。军民结合，推进信息化条件下装备保障能力提高，我们两家可以积极协作。”李乐民代表越说越兴奋。

李乐民说，国家做出国防科技和民用科技相互促进协调发展的战略部署后，自己的一些研究成果被及时转化到国防和军队建设领域，感到十分自豪。他将和同事们一道加大科技拥军力度，不断深化军民结合、寓军于民的内涵，为推动国防和军队建设又好又快发展作贡献。

“今后，我要把这个资源优势利用起来。”邓晓宏紧紧握着李乐民的手说。

2001 年 11 月 10 日，世界贸易组织第四届部长级会议在卡塔尔首都多哈举行。会议核心议题是审议中国加入世界贸易组织（简称世贸）问题。

结果，会议主席，卡塔尔财政、经济和贸易大臣卡迈尔先生宣布通过中国加入世贸组织的决定，没有任何国家的代表举手反对。这一刻，是世界经济发展史上的一个转折点，也是中华民族有一个崭新的起点。李乐民知道后很是激动，加入世贸将促进中国自身的改革开放和经济发展，使得我国的对外开放事业进入一个新的历史阶段，中国的通信产业迎来了一个良好的发展机遇期。

他的预测没错，入世以来，我国通信行业通过技术引进、自主创新和技术改造，技术装备水平得到大幅度提升。第三代移动通信、集群通信、数字电视等研发和产业化成效明显，涌现出一批具有自主知识产权的技术和产品。

在次年的第九届全国人大五次会议上，李乐民与其他代表联合提交了关于制定电信法、加强网络安全工作的建议。他呼吁应制定电信法来规范电信行业竞争，应对入世后的外资涌入以及解决“三网合一”在推进中的阻碍。很快，信息产业部就对他的建议做了回复。

李乐民认为，入世后中国的电信行业将向外资开放，虽然中国入世议定书中相关条款有一些规定，但专门出台一部电信法来具体规范指导也是必要的。“此举既有利于维护中国电信企业的自身利益，又有利于进一步吸引外资。中国的电话网、数据网和电视网不能合一制约了信息化的发展。技术部门呼吁实现‘三网合一’，但因政策障碍目前仍没有解决，出台电信法可望给予一个明确的规定。中国电信行业目前仅有一个《电信管理条例》，分量是不够的，国家该在更高层次规范电信业的发展。”

李乐民对朱镕基总理《政府工作报告》中关于信息化的内容听得特别仔细，感触也最深：“我刚当代表那些年，《政府工作报告》里几乎找不到‘信息化’这样的概念，而现在，我国已经是全球电话用户最多的国家了……”

作为一部调整公私财产关系的重要法律，物权法草案提请审议伊始就备受社会广泛关注。一部《物权法》涉及 13 亿人，涉及极其庞大的公私财产。

第十届全国人大五次会议 2007 年 3 月 16 日上午高票通过《物权法》。这部法律历经了 13 年的酝酿和广泛讨论，创造了中国立法史上单部法律草案审议次数最多的纪录。

胡锦涛主席当日即签署主席令，公布《物权法》2007 年 10 月 1 日起施行。

在 2007 年的全国人大会上，李乐民建议物权法公正和公平并重，希望把“公平”“合理”两个词加到物权法原则里。他说，温总理报告提出以人为本，和谐社会；还提出社会公平。“公平”二字在政府工作中比较注意，但“物权法”里“公平”二字没有足够的加重。仅在《物权法》“相邻关系里”，提到“公平合理”的原则。十六届三中全会会议材料是物权法草案的附加材料，文件里关于补偿的表述在补偿前有合理二字。因为补偿有合理的也有不合理的，不能模糊这个概念。如有些人反对在“物权法”细则中加“合理”二字，那么也可以变通，在原则里加上“合理”。他的具体建议是，在草案提及“尊重社会公德正义”的文字后，再加六个字：“维护公平合理。”

李乐民在全国两会上投下神圣的一票

李乐民虽然不是学法律的，但是他知道“不患寡而患不均”这个流传数千年的道理。“公平合理”是激励的动力，是这个社会持续发展、和谐发展的原则。

李乐民认为，当全国人大代表，得不断学习，光关心本专业、本行业的事不行。每次参加全国两会，他就会就各种感兴趣的问题请教四川省代表团的代表们。有一次，他就向代表团里的经济界人士请教问题：私营企业与民营经济有何异同？

经济适用房是政府为城市中低收入家庭提供的一种公共福利，但现在已经出现了种种难以控制的违规现象，违背了该政策的初衷，又给国家造成了经济损失。因此，有人提议国家停止开发建设经济适用房。

他在接受记者采访时表示，提出“取消”提案的委员是经过思考的，他发现了其中的一些问题，这可能是对我们很多部门下一步工作敲响警钟，很有启示意义。他认为现阶段经济适用房还不宜盲目取消。经济适用房是政府为城市中低收入家庭提供的一种公共福利，我们国家现在还有很多贫困的群众，很多城市居民还买不起高价的商品房。

他用科学家的思维，建议按照科学研究和事物发展的一般规律，立即组织展开调查，摸清楚究竟是哪些环节有问题、哪些法规有“空白点”、哪些监管链条有盲点，看这些弊病的普遍性到底怎样。调查队伍一定要深入那些已建、已卖的经济适用房小区，看看受惠群众与违规获得者究竟是怎样的比例构成。只有深入调查，才能提出恰当的解决方案，也才能对各方面加以规范。

李乐民参加全国两会的部分出席证

他特别强调，政府不能卖房了事，应该建立跟踪和继续服务的干预机制，比如规定经济适用房不能转租，只能作为自住等。另外，他也建议政府对经济适用房放号的时候，不能简单地根据先来后到，而应该将困难程度作为重要参照系。其他条件相仿的情况下，优先考虑更困难的一户。

2004 年，“中央一号”文件出台以后，关于农民增收已成为一大热点，李乐民建议，应从农民增收这个角度，立法鼓励和发展吸收农村劳动力就业的企业。

他曾经建议国家自然科学基金应该有一部分是研究生的劳务费。国家自然科学基金委员会回复钱不够。随着国家对科技事业的支持越来越大，他的这个建议几年后被采纳了。

李乐民家里很多诸如“全国先进工作者”“四川省劳动模范”“国家级有突出贡献的中青年专家”“电子工业部优秀教师”等奖章、证书，但是李乐民最在意的还是那些全国人大代表证。

“我从来没有想到我会被选为全国人大代表。”在李乐民印象里，人大代表都是很知名的、社会活动搞得很好的人，自己只是一个在大学教书的人民教师，和人大代表相差很远。当有人告诉他当选为全国人大代表时，他想“应该是同名的”。后来证实是自己后，他就想“这合适吗？”

“平时的科研任务十分繁重，我有时间去倾听人民的呼声吗？作为一名代表我是否能够代表好人民大众的利益？我能否履行好这个神圣的职责？我能写出好的建议吗？”刚开始，李乐民还担心自己不行，但是他想什么事情都是可以学的，自己也有信心有能力学好。

李乐民不当“挂名人大代表”，抱着一定要当好全国人大代表的决心，他虚心倾听人民群众的呼声，向老代表们请教……在 21 年的人大代表生涯中，李乐民不辱使命，他始终牢记着人大代表的政治责任感和为民负责的使命感。

在担任全国人大代表期间，李乐民还担任了5年的四川省人民政府参事。参事制度是老一辈无产阶级革命家根据统一战线和民主政治理论而建立的。在政府机构中设置以民主党派和无党派人士为主体的政府参事室，是我国政权建设的一个创举。

李乐民被聘为四川省人民政府参事

2001年8月，李乐民从时任四川省省长的张中伟手里接过鲜红的参事聘书，直到2007年2月离任。

在这5年时间里，他在科研任务十分繁重的情况下，积极参加省参事室组织的学习和各项活动，每年参加全国人民代表大会回四川后，都认真向政府参事传达全国人大会议精神和亲身感受。每年参加讨论修改四川省《政府工作报告（征求意见稿）》时，都是认真研读并提出了不少有价值的修改意见。每年列席四川省人大会议期间，认真倾听省人大代表的意见和要求，了解和掌握民情、省情，积极发表自己的建议和意见。

"在任参事期间，李乐民以无线电通信专家和无党派人士的身份，积极参政议政、建言献策、咨询国是，为四川省政府工作决策科学化、民主化，为社会主义民主政治建设做出了自己的贡献。”

四川省人民政府参事室在给电子科技大学的文件中如是写道。

第九章

辛勤育桃李

三尺讲台虽小，但却任由李乐民驰骋纵横，任由他激情奔放。

听过李乐民课的人都知道他讲课很有激情，上课声音很大，不带有半点吴侬细语，像是换了个人似的。他尽量用最简单的话，把最深刻的内涵讲出来，还要讲得十分透彻。“他讲得很深入，不是泛泛的皮毛。”

摩托罗拉全球副总裁刘飞回忆，当时李乐民开设的通信课程通常被安排在学生们容易因贪睡而迟到的上午，然而课堂上却少有迟到早退现象，同学们甚至是争抢着坐在前排听讲。“艰涩难懂的词汇、概念在李老师深入浅出的讲解与描述中变得不再那么遥远。”而李乐民对现代通信领域前沿技术和案例的介绍、对未来网络发展趋势的展望拓展了大家的视野，并不断引发同学们继续思考、探索的兴趣。

李乐民和他的学生刘飞（1996 年，美国）

李乐民强调课堂上讲最基本的东西。他认为课堂时间是有限的，学生要继续研究，可以利用课后，但最基本的一定要在课堂上讲透。李乐民刚从美国回来时，上过《信号估计与自适应处理》研究生课。在讲到使用自适应信号处理的办法来抑制干扰时，因为时间限制，他只是简单启发了一下，该如何去掉信号之间的关联，让自适应调节速度更快。1984 级研究生刘飞学完此课后，写出了一篇论文，被全国通信与信息理论会议接受为交流论文。

中国移动副总裁李正茂读研时，选修了李乐民主讲的该课程。“李老师在课堂上不仅系统讲授了自适应信号处理的理论与技术，更是介绍了国际上最新前沿研究的成果，并推荐了他本人或与他人合作最新发表的论文。”受这些论文的启发，李正茂针对一个更加复杂的模型进行研究和模拟，获得了一些新的结果。在李乐民的鼓励之下，他写成论文向国内的通信学报和 IEEE 全球通信大会投稿，均被录用和发表，一些论文还获得了 Milstein 教授等权威学者的引用。

留校任教的王晟，其教案得到了李乐民精心指导。李乐民要求他好好琢磨教案如何写，要把每一个基本概念、基本原理都讲清楚。

李乐民在美国的时候听了很多美国知名教授的课。他融汇这些人的经验，在自己的教学实践中踏踏实实地走好每一步：从上海到北京再到成都，从做答疑辅导的助教到面对莘莘学子朗朗而言的教授，从教本科生的《脉冲多路通信》到教博士生的《宽带通信网》。他的学生反映李乐民的课循序渐进，特别是思路清晰，没有废话。

几十年奋战在教学科研第一线，使得李乐民的理论基础十分扎实、专业知识面特别广，对于数字通信及扩频通信、信号处理和计算机网络通信等有独到的研究。他先后讲授过晶体管电路、脉冲数字电路、载波机原理、脉冲多路通信、数字通信、通信原理、随机过程及应用、信号估计与自适应处理等课程。

《随机过程及应用》是研究生基础课，吸收了国外类似课程内容，着重基本概念、分析与解题方法，使学生掌握各种随机过程模型特点和分析方法，作为今后深造的坚实力量基础。选这门课的研究生逐年增加，1985 年达到了 80 人，很多学生没有位置坐，就站着或坐在地上听。

李乐民给学生作学术报告

在这些课程里，李乐民均担任辅导答疑，批改作业等。他还指导本科生做毕业设计，硕士和博士研究生做论文等，其中指导研究生做论文大多是结合国家科研任务进行的。

在学生们眼里，李乐民是个纯粹的、朴实的学者。他为人低调、性格谦和，未曾想过要做什么鹤立鸡群的风云人物。从来都是和风细雨地对你说话，不责备人，更不训斥人。他几乎没有什么“兴趣”，只对学术感兴趣，和你讨论学术问题，他滔滔不绝，而要和你谈论学术之外的，他就那么两三句话。

李乐民很“好学”，有时看到学生们在做试验，他会凑过去问：“你用的什么片子啊？什么型号的？多少钱啊！”虽然年龄大了，他还是饶有兴致地弯下腰，看同学们做试验。

现在供职思科中国的钱炜宏还记得，大三在实验室做滤波器研究的情形，“已是国家级有突出贡献中青年专家、全国先进工作者、享受政府特殊津贴的李老师，手拿烙铁教我这个普通的本科生做试验，耐心地教我知识”。这一画面已经永久定格在他脑海，并在无形中鼓励他在李乐民门下攻读了硕士学位和博士学位。

1985年8月22日，成都市庆祝第一个教师节表彰优秀教师、先进教师、先进教育工作者，李乐民名列其中，他还多次获得学校和省部级优秀教师荣誉称号。

长期担任教研室负责人和多项国家重大课题负责人，李乐民给了身边很多青年教师以巨大的支持。他指导有关教师攻克难关，共同进步。他任“光纤通信传输码型与体制研究”课题组组长的时候，指导郭成清等三位讲师完成2篇论文和1篇技术报告；他组织“卫星直播电视与数字伴音体制研究”课题时，指导课题组组长吴诗其等2位讲师、1位助教完成技术报告共5篇；他给研究生上课的时候，很多讲师都来旁听；指导3位讲师编写了本30万字的《数字通信原理》教材……

正是因为“卫星直播电视与数字伴音体制研究”这个课题，吴诗其开始介入卫星通信和广播方面的研究工作，先后主持国家“863”计划卫星移动通信方面课题的研究，为当时我国卫星广播电视传输体制问题研究做出了贡献，先后获得多项省部级科学技术奖。

李乐民与青年教师研讨学术问题

李乐民支持年轻人，不打击、否定年轻人，没有权威的架子。他十分关心青年教师的成长，大胆使用中青年教师，积极支持中青年教师承担各项科研任务。青年教师要争取外面的科研任务比较难，李乐民经常利用出差机会到外单位联系，争取各种课题，并将任务分给教研室的青年教师。1987 年，李乐民争取到了 150 多万元的“七五”科研课题，他将课题都分给了身边的青年教师。李乐民还努力为大家提供资料，参与制订方案，帮助中青年教师解决难题。

不论是校内还是校外前来请教问题的同志，李乐民都是满腔热情，从不拒绝。外单位的同志找他讨论学术问题、修改论文、写评语等，他都热心支持，给予帮助，十分耐心、细致，而且在技术上毫无保留。

他对自己也是严格要求，经常工作到深夜，有次从北京出差回来，发着烧却依然带病坚持工作。独生女在上海工作，困难很多，但他把工作放在第一位，从来没有因为个人家庭原因而影响到自己的工作。

作为新中国的第一代大学生，李乐民认为国家培养了自己，自己就得尽全力为国育才。事实上，培养和指导学生是他最关注的事情、投入精力最多的工作之一，可谓是殚精竭虑、无怨无悔。他常常讲：教师的第一任务是培养学生，教出有用的人才。

来成都后的 1961 年，张煦教授招收了一名硕士研究生，还只是讲师的李乐民也招收了一名硕士研究生。“文化大革命”结束后，国家恢复研究生招生，刚刚从美国回来的李乐民在 1983 年招了第二名硕士研究生。到 2013 年，李乐民已经指导研究生 200 余名，其中已经完成学业的博士生 85 名，这些学生的名字，他都能一一说出来。

李乐民已经毕业的 85 个博士，都能刻苦钻研，他们在不同的工作岗位上为国家作贡献。85 名博士里，有的已经成为加拿大滑铁卢大学教授，有的成为北京邮电大学、北京交通大学和电子科技大学等大学的教授，有的成为著名的企业家。

李乐民夫妇（前排左2、左3）与授业弟子一起

龚光从西安电子科技大学硕士毕业后，到电子科技大学任教并考到李乐民名下攻读博士学位。毕业后，她在意大利、美国和德国的著名大学和研究机构从事密码学和信息安全相关研究工作，是密码学、通信和网络安全等领域活跃的国际知名学者。1998 年，她加入北美洲名校加拿大滑铁卢大学，由于工作十分出色，很快被滑铁卢大学正式聘任为终身教授。

廖建新 1996 年获工学博士学位，是李乐民门下第一位在两年半的时间内完成学业的学生。廖建新博士毕业后，李乐民力荐他到北京邮电大学国家重点实验室，跟随陈俊亮院士从事博士后研究，进入了当时国内外方兴未艾的研究领域——智能网。

廖建新在汲取新知的过程中，新旧知识的碰撞激发出许多灵感，使他成为国内移动智能网技术的“拓荒者”，成为我国较早从事移动智能网研究的学者。廖建新还是最年轻的国家自然科学基金重大课题负责人之一，中国青年科学技术奖获得者、国家杰出青年科学基金获得者，两次排名第一获国家科学技术进步奖二等奖，2009 年被聘为“长江学者”。

他说：“我已习惯在每一次攀登时寻求先生的指点，先生也总是不遗余力地给我支持和帮助。”

国家“973”计划项目“新一代互联网体系结构理论研究”专家组成员、国家“863”计划项目“通信主题 IP 网络技术”任务专家组成员、北京交通大学教授张宏科在研究生学习阶段就在李乐民的指导下在《电子学报》上发表论文，并参与到自然科学基金项目的研究工作中。他先后获得 2001 年詹天佑铁道科学技术奖，2003 年度茅以升科学技术奖，2004 年入选全国“首批新世纪百千万人才工程国家级人选”。

张宏科现在担任北京交通大学下一代互联网互联设备国家工程实验室主任，在他的带领下，实验室目前已成为国内专门从事基于 IPv6 和未来网络技术研究的下一代互联网综合研究开发团队之一。

古人云：授人以鱼，只供一餐，授人以渔，可享一生。“鱼”只能满足一时之需，而“渔”却让人有谋生的本钱。李乐民给学生的不仅仅是“鱼”，他给学生更多的还是“终生之用”的“渔”。

学生时代所培养起的严谨科学的思维方法、敢于创新的探索精神和坚韧不懈的求学意志是一个人日后走入社会并成就事业发展的基石。专业知识的学习研究并不仅仅提高了一个人的专业技能，宽广的知识面、充实完整的知识结构，甚至足以影响并完善一个人的思维方法乃至其对人生、世界的态度。在科研学习中领悟科学思想的真谛并做到触类旁通，这正是李乐民给学生的“渔”。

TCL 集团前副总裁、原摩托罗拉全球副总裁刘飞曾将亏损近 20 亿元濒临绝境的 TCL 通讯在 18 个月内整体扭亏，2007 年 TCL 通讯成为出口量最大的中国本土品牌手机企业之一。他坦言：“能在李乐民老师的指导下学会做人做事，则是我日后成就事业以及人生的关键。”

在李乐民的课上，同学们总是活跃地参与讨论，甚至在下课后还会对某个话题意犹未尽地展开研究。就是在这样的学习氛围中，刘飞培养了对通信领域的浓厚兴趣并积累了扎实的基础知识，也正是这兴趣和知识支持并推动着他在通信行业中一干就是20年。

四川长虹电子集团有限公司董事、国虹通讯数码集团有限责任公司董事长兼CEO的万明坚读博期间得到了李乐民很大的帮助。有次，万明坚谈到母亲生病了，家里经济比较困难。李乐民知道后，就做他的工作，无论如何要把博士读完。在李乐民的鼓励下，万明坚读完了博士。这才有了他领导TCL移动通信有限公司的业界神话；才有了11年间攻克科研难题56个，开发新产品30多个，直接和间接创造经济效益近百亿元人民币的传奇故事。

每次研究生复试，在问了专业上的问题后，他总会和学生聊聊家常，比如问问你家是哪儿的、家里有几个人、都是做什么的等等。现在留校任教的虞红芳还记得当年复试时，当李乐民听到她说父母都是农民，“李老师就特别关切地问生活费怎么来？家里能负担得起吗？”后来，她每年回家李乐民总是叮嘱她把来回的车票保存好，从横向科研经费中报销。

李乐民对学生的关怀可谓无微不至。他经常会问学生现在住宿条件怎么样，补助够不够用，到哪里打开水等微不足道的小事。如果学生是第一次来拜访他，他担心学生找不到乘车的地点，一直将他们送到了车站。

2005年4月的一天晚上，由于校内的建筑工地将下水道的挡板压坏，并且没有给出任何警示信息，博士生赵太飞在校园里骑自行车的时候不慎连人带车跌倒，结果是门牙摔断一颗。李乐民第二天知道后，不仅去医院看望赵太飞，了解受伤情况，还跟建筑工地和学校的有关部门进行交涉，亲自去查看现场，确定事故的负责方，落实医疗方案和相关赔偿问题。

“70 多岁的老人还要为我的事情操心奔走，真的让我非常感动。”李乐民的仁爱宽厚，让赵太飞永生难忘。

认识他的人，评价起李乐民来，第一句话就是：“他是个好人。”什么叫好人呢？用国学大师季羡林先生的话说就是：考虑别人比考虑自己稍多一点就是好人。

学生的成绩斐然，而作为老师的李乐民则将成绩归于学生和协助指导的老师，他说，这些同学来读博士之前都有扎实的基础，他们都很勤奋，“我只不过给他们提供了一个学习的地方而已”。

其实，李乐民在学生身上花的心血很多，从选题的确定到第一篇论文的撰写，从方向的指导到困难问题的解决，李乐民在学生身上投入了很多的时间和精力。学生的文章，他不仅会指出文章在主题、内容、思路方法和技术细节方面的问题，还会修正文章中的措辞，重要的话都会仔细琢磨，直到符合要求为止。更可贵的是，他还能在数千字的文章中找出某句话的语法错误和单词拼写错误。

有一次，李乐民在教研室指导学生的毕业论文，他想起有一篇文章可以让学生读一下，但是这篇文章正好在他家里。他叫学生等一等，马上骑自行车回家去把这篇文章给学生取了过来。

对于学生的论文他总是在第一时间回复。“学生早上传给他的论文，他中午之前就会将修改意见给你电子邮件回复”。这让王晟等青年教师钦佩不已，“他还会给你电话，详细讲解一遍”。

李乐民交给学生们做的课题多是来自国家自然科学基金，这些题目本来就具有相当的创新思维。当学生们在研究中碰到问题的时候，李乐民也总是和他们一起讨论，发现研究中存在的问题，帮助他们找到问题的突破口。

李乐民认为，学生的第一篇有创新的论文很重要，是他们奠定学术能力的第一步。学生们的第一篇论文，他都要与学生反复讨论，并针对论文中的薄弱环节进行有针对性的指导。

现在，李乐民还有 5 个博士生、2 个硕士研究生没有毕业。指导研究生就占据了李乐民的大部分时间，“消耗时间最多的是博士生”。

要拿到博士学位，必须发表高水平的论文，如果质量不高，投出去就难以被录用。有的博士生本身压力就很大，他就得花更多的时间来指导，修改他们的论文。

妻子彭水贞说，李乐民只记别人好的，不记不好的。他总是很体谅别人的难处，不愿意随便麻烦人。即使让同学们做一些小事，李乐民都会很真诚的感谢，认为学生做了很有意义的事，帮了他很大的忙。

他告诉学生们，写文章第一要紧的是要踏踏实实。做了多少试验就写多少，不能为了完成论文而捏造数据。不是每一类论文你都能写好，要注意发挥自己的特长。

李乐民不仅教学生知识，更以自己的言行在潜移默化中感染学生。他不会对学生说，你应该这样或者那样，从来都是以他的言行，默默地告诉学生应该怎样做，像春风一样熏陶一届又一届的学生。

李乐民虽然是院士、人大代表，但是他衣着朴实，甚至有些陈旧，保持了良好的生活作风。李乐民自己对生活的要求很低，经常从食堂提一大袋子馒头回去慢慢吃。妻子彭水贞说，她买的衣服李乐民都不穿，“他只穿自己买的”。李乐民的衣服基本都是商场打折的，二十几块钱的衬衣，三十几块钱的短裤等。

1996 年，李乐民应邀作为高级学者到香港中文大学做学术交流访问。为了有更多的时间用于工作，他没有选择住在较远的宾馆，而是住在仅有几个平方米的半地下室房间，每天到学生餐厅用餐，对生活上没有任何特殊要求。

很多学生都收到过李乐民的小纸条，上面只有一两句话。他不会用一整张纸，而是撕下一条，刚好写一两句话。小小的纸条写满了李乐民对学生的教育和指导，也体现了他节俭的好品格。

为 2009 中国西部青年通信会议作报告：未来网络的体系结构研究

谭真平读大三时，他去邀请李乐民给他们班作个学术报告。作报告那天，谭真平的班主任介绍说：“这就是李乐民教授。”李乐民马上纠正：“是李乐民副教授。”这一幕过去都快 30 年了，他还记得清清楚楚。

学生们——不论是毕业的，还是没有毕业的——都喜欢到李乐民家找他“海聊”：谈工作、谈学习、谈未来、谈有意思的书，也议论当下社会的各种现象。李乐民总是教诲学生：“要做一个有责任感的人，做一个有益于国家和社会的人，先天下之忧而忧，后天下之乐而乐，为国家富强，民族兴旺而奋斗。”毕业多年的金明晔，对恩师的这句话还记忆犹新。

汪文勇的博士开题报告李乐民改好后，要打出来签字。他将汪文勇叫到办公室，在文档上把开题报告再仔细看一遍，打印预览一次，发现排版不好，又改改，再预览，然后打印。签完字，再从头到尾看一遍，发现日期不对，用笔填一下交给汪文勇。在汪文勇准备走的时候，李乐民想起来，日期涂改过的不好，又重新打印一次，认真签上名，填上日期。

那台打印机实在太老旧，用了 10 年了，速度很慢。汪文勇建议李乐民换一台，“打个电话就可以办好，1000 多块钱，非常便宜”。李乐民说不用，这台机器他用习惯了。这段轶事，让汪文勇终生难忘：一个全国知名的院士、通信领域的泰斗，竟然如此一丝不苟，不愧为布衣科学家。

汪文勇常常问自己：我也是一个教授，也有自己的学生，我怎么去引导他们影响他们？李老师是我的榜样。可是，在这样一个喧嚣的时代，能做到李老师那样的“冰心一片”吗？能让学生“如沐春风”吗？

李乐民在办公室查看网上学术资料

第十章

走向钻石婚

与夫人彭水贞相识的过程，充满了戏剧性。“我也不知道那是什么，或许就是人们常说的缘分吧！”

李乐民第一次见到彭水贞是在1954年的暑假。还是助教的李乐民带着学生去上海铁路局长途载波电话室实习。彭水贞是上海铁路局电务处的一名技术员。“去实习，需要她安排。”他们就这样认识了。

实习结束，李乐民带着学生回到了交通大学。

1954年的某一天，李乐民从宿舍出来，赶着去上课，在路上看到一个前不久刚刚认识的人……

“彭水贞？”李乐民问道，“你来交大有事？”

“是你啊，我还以为谁呢！”彭水贞笑着说，“我是来交大了解有关进修的事。”她告诉李乐民，她调到了上海铁路学校（上海铁道大学前身），学校刚成立，急需教师。

简短的寒暄之后，两个人就分别了。李乐民去天津大学进修，两人也没有联系。“当时都没有那个意思，我还没考虑找女朋友的事。”

蹊跷的是，1956年上半年，就在李乐民将要回交通大学的时候。他们两人在北京邮电学院的校园里再次相遇。

彭水贞想转到北京邮电学院随苏联电报专家进修，就向学校申请到刚刚成立的北京邮电学院学习。这次是到北邮联系办进修的事。

两个人相视一笑，他乡遇故知也是人生一大幸事。李乐民觉得这也真是太巧了，“怎么我一到哪她就跟到哪呢？”

李乐民从北京回到上海，还没歇口气就准备随交通大学西迁大部队去成都。他在托运行李的时候，再次遇见彭水贞。

“你在这里……”李乐民问。

“我还在交通大学进修，因迁校事情繁重，系里很多事情需要办理，就派我过来分担工作，帮大家托运行李。”彭水贞答道。

“哦！”李乐民会心一笑，“那你帮我办下手续吧！”

办完手续后，两个人就聊天，谈得很投机。李乐民要离开上海，彭水贞要到北京去，两人心里突然都有点别样的依依不舍。于是，李乐民和她约好以后要通信，保持联系。

李乐民当时也在考虑找女朋友的事，觉得彭水贞很热情、身体显得很健康，心里开始对她“另眼相待”。青春年少，谁能躲得过爱情？

第二天，两个人继续谈。不善于表达的李乐民问彭水贞可不可以不去北邮学习，继续留在交大到成都电讯工程学院进修，“好不好？”

彭水贞摇头，依然坚持要去北邮。

1956 年 9 月，交通大学西迁的大部队出发了。在送别的码头上，李乐民依依不舍地对彭水贞说：“我会经常给你写信的，你要用心学习啊！”

彭水贞也是难以割舍，心想他一个人去遥远的异地他乡，会遇到多少困难啊！

呜……

一艘 3000 吨的大轮船向西前进了，满载着激情与梦想，在亲朋好友的离愁别绪中驶向遥远的西部。李乐民站在轮船的甲板上，向码头上的彭水贞挥手告别。这一别，不知道什么时候能再相见。

码头越来越远，最终消失在视野中，李乐民从甲板上回到了船舱内。坐在船内的李乐民思绪纷飞，心里满是不舍和留恋。年迈的父母，心爱的恋人，美丽的苏州，繁华的上海，大新公司的自动电气扶梯……一幕幕如电影画面，在李乐民眼前浮现。

彭水贞坚持己见去了北邮进修，这多多少少让李乐民有点失落，不过不久他的这种失落就没有了。北邮的人对李乐民印象都很好，知道彭水贞也是上海来的后，同寝室从北京铁道学院来进修的女教师无意间总是说起从上海来的李乐民学习多么刻苦，成绩和业务多么好之类的话。同时，她也听说李乐民生活简朴、不注意修饰边幅，臭袜子到处丢的“糗事”。党总支委员邓乃炯老师对她说：“李乐民刻苦学习，就是有点傲，不过将来发展前途不可限量。”

显然，北邮的人是不知道他们的关系的，这让彭水贞觉得自己没看走眼，李乐民是个可以托付终身的人。

彭水贞找对象有几个条件：一个是来自知名大学的，二是必须业务好，三是必须对她好。

无疑，李乐民是完全符合这“三个条件”的。

在李乐民踏上去成都的轮船后不久，彭水贞就去北京邮电学院进修了。两个人鸿雁传书，双方都有了好感，逐渐建立了男女朋友关系。

1957 年 5 月，李乐民带学生去上海实习，一到周末就去找彭水贞。李乐民和彭水贞开始畅想婚姻、家庭和美好的未来。

“结婚以后，你还是要来成都。”李乐民对彭水贞说，“我不会离开成都回到上海，国家派我去成电工作我就得在那工作。”

当时，彭水贞犹豫不决。她舍不得离开体弱多病、年过花甲的父亲。“因为地区不同，同一级工资上海比成都高，去成都的话工资要降低，从 80 多元调到 72 元。”

不过，她对李乐民的决定很支持。李乐民和她找到单位领导商量工作调动的问题。

单位领导力劝她留在上海：“成都太艰苦了，你会不习惯的！”

有的同事也说：“你这样做不值得！从大上海去成都干吗？”

父亲支持女儿去成都，男大当婚女大当嫁，他不想因为自己身体的原因影响女儿的终身大事。

李乐民认为，两个人好好努力工作学习，将来生活会好起来的，可以将她父亲接到成都一起住——1959 年，彭水贞将父亲接到了成都。

李乐民和夫人彭水贞

最后，这一切都没能阻止彭水贞跟随李乐民去成都的决定。“这应该就是所谓的爱情的力量吧！”

1957 年暑假，两个人办理好结婚手续后，就一同到了成都。

从 1957 年喜结连理，到 2007 年，李乐民和彭水贞两个人已经走过了整整半个世纪。50 年风风雨雨，50 年相濡以沫，成就了一段婚姻佳话。在漫长的日子里，有悲伤，更有喜悦；有辛酸，更有甜蜜。

1957 年，李乐民和彭水贞在上海登记结婚后，就到杭州游玩了三天，算是旅游结婚。

盛夏的杭州骄阳当头，但是沉浸在幸福中的新婚夫妇俩完全置之不顾。他们登雷峰塔，观雷峰夕照；划小船畅游西湖，尽情欣赏西子湖畔美景；两人依偎，于万籁寂静的半夜听净慈寺的钟声……

彭水贞对西湖的印象特别深刻，纯净而妖娆的荷花，出淤泥而不染；随风摆动的垂柳，飘逸到令人痴醉。让她不禁吟诵起南宋杨万里的诗来：“毕竟西湖六月中，风光不与四时同。接天莲叶无穷碧，映日荷花别样红。”

三天后，他们从杭州搭乘汽船，走京杭大运河来到美丽的苏州东吴大学。公公婆婆对这个美丽乖巧的媳妇甚是满意，他们对儿子的事从来都是放一百个心。

9 月，马上要开学了，李乐民和妻子依依不舍地告别父母，踏上了回成都的路。当时，从苏州到成都，要从郑州过，经西安，翻秦岭，长达几十个小时。真可谓是蜀道难，难于上青天。但是，彭水贞一点儿也感觉不到累，一路上的山山水水，美丽的自然风光，让她特别兴奋。翻秦岭时，“从窗口往下看，很多悬崖峭壁，十多丈的深渊，真是惊险极了！”彭水贞回忆，“同车厢的上海姑娘吓得惊叫了起来”。

彭水贞出生在江西南昌，祖父是衙门里的小官，对孩子的教育十分重视，请了私塾先生来教孩子们。彭水贞父亲 10 岁的时候，祖父去世，家道从此衰落。读了几年书的父亲就去中药店当了学徒。他的算盘打得很好，非常熟练，后来又去做了管账先生。母亲是家庭主妇，哥哥上小学，一家四口过得也很安逸。抗日战争爆发后，父亲失业，家境十分困难。1939 年，母亲因为患肺病去世。

抗战胜利直到新中国成立后，父亲都在南昌同济转运公司做职员。1950 年，公司老板借口购买国家经济建设公债，把资金抽走，公司关门大吉。父亲领了少量的遣散费，也就被解雇了。

父亲没了工作，再也无力供她上大学。彭水贞的哥哥在新中国成立前夕随厂到了台湾。1950 年曾给家里寄过钱，之后就失去联系了，直到改革开放后才联系上。

彭水贞高中毕业于南昌一中，担任过学习委员和班长。南昌一中教学水平很高，校友中有杨叔子等 19 位两院院士，和彭水贞同桌的徐性初，现在是中国科学院院士。按照彭水贞的成绩，本可以去考比较好的大学，但是由于家庭经济困难，只能选择免收学杂费、提供食宿和衣服的不太理想的学校。

期盼早日毕业、解决经济困难的彭水贞的生活十分艰苦，连洗脸的盆都买不起，夏天也没有蚊帐，一身常常被蚊子咬到红一块肿一块。

毕业后，因为成绩好，她被分配到上海铁路局电务处工作，经济状况才开始好转。

随同李乐民来到成都后，彭水贞也成为成都电讯工程学院的一名教职工。虽然，彭水贞的工资从 80 多元下调到了 70 多元，但是成都物价便宜，两人常到小炒店吃中午饭。“炖鸡汤四毛一碗，炒肉丝三毛一份，算下来一顿饭就一块钱左右。下午下班后，晚上就在食堂吃饭，两个人生活简单而幸福。

年轻的李乐民和妻子住在南院眷九一间只有 16 平方米的小房间里。一张床和两张书桌将房间挤得满满的。每天晚上，他们俩就坐在书桌前看书学习，或者批改学生的作业和考试卷子，或者去教研室给学生答疑。生活平静而平淡，但他们却很满足。

李乐民整个人都投入到了新学校建设当中，将所有的时间和精力都奉献给了学校、奉献给了学生。女儿出生时，李乐民不在彭水贞身边，但她毫无怨言。当时李乐民特别忙，不是出差，就是在做试验，或者在开会。还有一次，彭水贞高烧需要上医院，正忙于带学生的李乐民将所有的学生安排妥当后才抽时间带妻子去医院。

1961 年夏天，彭水贞父亲由于着凉，一直高烧不退。李乐民骑着单车，冒着大暴雨到处找三轮车。不算强壮的他，把老岳父从三楼背到一楼，然后送往医院。他们三岁的女儿还在上幼儿园，也没有请人帮忙，李乐民和彭水贞就轮流去医院照顾父亲。

虽然他们全心全力地服侍父亲，但是老人家还是在这年 8 月因急性支气管炎去世。老人家的善后事宜都是李乐民一个人操办，这让彭水贞十分感动，李乐民无疑是她在这个世界上最亲的亲人，是她终生的倚靠。

李乐民和家人（女儿、夫人、外孙，2006 年 3 月摄于电子科技大学）

1958 年，李乐民和彭水贞的女儿李爱劳出生了。喜添千金，对他们来说无疑是天大的喜事。女儿虽然不胖，长得很乖很可爱，三岁不到的小女常常跑到父亲面前说：爸爸抱抱我。李乐民在家闲着时，就逗女儿玩，有时还让女儿骑在自己脖子上跑来跑去，逗得女儿格格笑个不停。

他们俩工作太忙没法带孩子，只好请了个保姆。到了女儿该上幼儿园的年龄，李乐民的岳父又不幸辞世，家里顿时困难了很多，他们不得不把保姆辞退了。

白天，李乐民将女儿送到幼儿园，晚上再把女儿接回家。他们俩尽量错开去教研室给学生答疑的时间，如果实在没办法错开就把女儿带着。

很多 20 世纪 60—70 年代在成电上学的人都还记得这样的场景：李乐民或是彭水贞在给学生答疑的时候，他们的女儿就乖乖地坐在旁边。女儿很听话，很安静地在一旁看父亲或者母亲给学生答疑解惑。直到女儿上小学了，李乐民他们去教研室给学生答疑的时候还经常带着她。

女孩子天性爱美，慢慢长大的李爱劳喜欢穿花衣服，头上扎个花蝴蝶，年轻的妈妈也喜欢把女儿打扮得漂漂亮亮的。每年旧历新年，李乐民夫妇就带着女儿回南京，或者上海看望父母和亲朋好友。上海的很多商店里摆着各式各样好看的童装，他们把亲戚送的布票全给女儿买些漂亮衣服、裙子，彭水贞自己只能是“欣赏”一下橱窗里的新女装。

上中学后，懂事的女儿知道父母工作忙，就主动帮父母分担家务事来。打扫卫生、洗衣服、洗碗等家务活，女儿都全部承包了，让李乐民夫妇倍感欣慰。

那时包饺子，和面擀饺子皮是女儿的拿手好戏。直到现在，只要吃饺子，彭水贞都会想起女儿当时包饺子的情景。

“文化大革命”期间，工厂停工、学校停课，中小学采用的教材都很肤浅。很多学生都不努力学习，交白卷的张铁生被塑造成英雄。大学只招收工农兵学员，不招应届高中毕业生。中学毕业后只有上山下乡一条路，要想在社会上找到一份工作相当难。

1977 年 10 月 21 号，中国各大媒体公布了恢复高考的消息，并透露本年度的高考将于一个月后在全国范围内进行。与过去的惯例不同，1977 年的高考不是在夏天，而是在冬天举行的。

这个消息极大地鼓舞了广大渴望进大学深造的知识青年。这一年冬天，刚刚高中毕业的李爱劳参加恢复高考后的第一次考试。当年全国共有 570 多万人参加了考试。只录取了不到 30 万人。她顺利地闯过了这个独木桥，入读成都电讯工程学院通信专业。

77 级和 78 级学生都特别用功，十分珍惜读大学的机会，尤其是那些在农村插队落户的知识青年。当时一系（现电子科技大学通信学院）通信班有 100 多人，在主楼东侧一楼一间大教室上晚自修。教室旁边就是露天电影广场，每周六晚上就放电影，但是在教室自修的学生没有一个跑出来看电影的。他们一个个埋头学习，有的看书、有的写作业……他们深知自己基础薄弱，必须以百倍的努力去学习，才会取得好成绩。事实也证明，这个班也出了不少人才，比如华为董事长孙亚芳、广州中电集团7所所长梁鸣、通信学院教授毛玉明等。

李爱劳大学毕业后，分配到上海工作。她白天工作，晚上参加托福考试英语培训班学习，准备赴美学习新知识。彭水贞又高兴又伤心，高兴的是女儿回到了他们曾经工作生活过的大上海，伤心的是女儿离自己太远了。

女儿毕业后在上海结了婚，找到了自己生命中的另一半。怀孕了的她回到成都，不久产下一个哭声洪亮的男婴，于是取名“亮亮”。李乐民和彭水贞看着健康出生的外孙十分高兴。

产假休完后，李爱劳要回上海工作、学习，她强忍着没流泪，万般不舍地看着摇篮里的乖儿子，她多么想把儿子带到上海去。她把刚出生的儿子留给年过半百的父母抚养。彭水贞为了支持女儿学习工作，毫无怨言地接受了这个艰苦而责任重大的任务。

幼小的亮亮经常生病，有时发高烧。有次，年过五旬的李乐民夫妇抱着小外孙往工人医院跑，他们又着急又害怕，直跑到两腿发软。到医院后，外孙的高烧慢慢退了，老两口才松了一口气。

后来，只要外孙有点发热，他们就进行物理疗法，用冰水浸泡手巾，然后敷在外孙头上，还用酒精擦手心和脚心。外孙发烧时，彭水贞常常是通宵达旦睡不着，为了让李乐民休息好，她让丈夫睡在另外一个房间。

外孙从幼儿园、小学，再到中学、大学和研究生毕业，都没有离开过外公外婆。他研究生毕业后，本来有机会到上海工作，有条件到国外深造，但是懂事的亮亮舍不得年近80的外公外婆。“我不能离开外公外婆，我要好好照顾他们”。

20世纪90年代初，女儿从上海跳槽到美国一家公司。一年后，她丈夫也去了美国工作。以前在上海，彭水贞就觉得远，这下女儿去了远隔重洋的美国，她就更放心不下了。

李乐民如果去美国出差的话，每次都会抽时间去看看女儿女婿。彭水贞很少去国外，就只能打电话了。最初的几年，她天天去建设路电信局给女儿打电话，家里面的电话卡积累了一抽屉。

1999 年 9 月，彭水贞飞往美国，女儿要生小孩了。她思绪万千，她和女儿已经多年没有见面了，也不知道女儿女婿到底过得怎么样。

一个月后，她的外孙女降生，年近 70 的彭水贞不辞辛劳地照顾坐月子的女儿和刚生的外孙女。

虽然很累，但是她一丁点儿的怨言都没有。只是远在异国他乡，整天待在家里没地方去，让她闷得慌，又十分挂念国内的丈夫和外孙。没办法，思乡心切的彭水贞在美国待了三个月就回来了。

2009 年于美国洛杉矶，左起：李乐民、彭水贞、外孙女、女儿、女婿

现在，女儿女婿在国外有自己的住房，小外孙女也上中学了。这让远在国内的李乐民和彭水贞放心了很多，特别让他们开心的

是，小外孙女长得活泼可爱，能说一口流利的中文和英文。

彭水贞想起2009年去洛杉矶女儿家探亲的事就乐不可支，“小外孙女放学回家，一口一个婆婆好、公公好”，把他们俩逗得十分开心。周末到海边玩，小外孙女就光着脚丫在沙滩上跑得飞快。

现在李乐民和彭水贞都年过八旬，出国是不太方便了。如果想看看美国的女儿女婿和外孙女，就看看他们的照片，或者打电话或者网上视频了。

“现在主要是通过QQ，在网上视频聊天。”李乐民说。

每一个成功的男人背后都站着一个无私奉献的女人，李乐民的背后站着的就是彭水贞。她舍弃大上海的繁华，做出了太多太多的牺牲，她把家里打理地有条不紊。家庭生活幸福，使得李乐民才能轻装上阵。

喜欢钻研学术问题的彭水贞，因为要照顾家庭，没有太多时间投入到科研中去。在丈夫出国访学、女儿毕业到上海工作的那阵子，彭水贞才有机会将全部精力投入到科学研究中去，发表了好几篇高水平学术论文，其中《电子学报》就有2篇，还获得了一个省部级二等奖。她撰写的《有源R带阻滤波器》发表在1982年第1期的《电子学报》上，受到学界的广泛关注。她在文章里提出了一个新的有源R带阻滤波电路，被人称之为“彭电路”。

事实上，如果她有更多的时间去从事科学研究的话，也将取得不菲的成就。但是，为了支持丈夫的事业、为了这个家，她做起来相夫教子的传统中国女人生活。这或许就是常说的，一个男人若是娶到一个好女人做妻子，这个家至少是三代人的福气。

老两口共同走过了50多年的风风雨雨，自然免不了意见分歧。比如，彭水贞就常说李乐民有些事做得不对，觉得李乐民做事太慢，经常半开玩笑半认真地说“你花那么多时间看研究生论文，稍微看看就可以了嘛！”

2011 年，李乐民夫妇游览张家界

而李乐民做事虽然慢，但是从来不出错，他都是一个字一个字地看学生的论文，想把每一个错别字都改过来。彭水贞对此很是不以为然，“错一两个字有什么关系？”

彭水贞认为李乐民有点“怪”——对学生一丝不苟，对家人却马马虎虎。做×××工程的时候，彭水贞已经去了湾丘劳动，李乐民有时在外面通宵做试验不回家，12 岁的女儿就一个人在家睡，幸好邻居帮着照看。女儿是恢复高考后的第一届考生，李乐民忙于工作，没怎么过问。“我到处给女儿找复习资料。”彭水贞说，后来，女儿大学毕业了，工作的事情李乐民也没帮上什么忙。

彭水贞回忆刚结婚时的情景时说：“那一天，他带我去国际饭店吃西餐，并住了一晚，应该算是我们最浪漫的回忆了吧！国际饭店是当时上海最高的建筑。”

虽然两口子偶尔斗斗嘴，但是彭水贞对丈夫还是十分体贴。李乐民经常加班到凌晨，彭水贞会给丈夫煮白水鸡蛋当夜宵。当年女儿要彭水贞去美国住一阵子，彭水贞不干，住了三个月就回来，她要在成都照顾李乐民。

2011 年春节以来，李乐民曾咳嗽了好几天，彭水贞就劝他去大医院检查下，李乐民一直忙于看学生的论文和资料，说没时间。“我说了好几次，我带他一起去看看，他就是不去。”两个人为此事都争了好几次了。

2013 年年初，李乐民因心血管病，住进了重症监护室。李乐民首先想到的是给《中兴通讯技术》的文章《未来网络体系结构的研究》还没有写完，又叫来所在团队的王晟、徐世中等人，将还未毕业的研究生安排给他们带。

吉人自有天相。李乐民出院后，每天都要吃好几种药。提醒丈夫按时吃药、晚饭后陪丈夫去散步、催促丈夫每天晚上准时休息，成了彭水贞每天的必修课。

曾有媒体采访彭水贞走到金婚的秘诀是什么，她回答是：相互理解，包容，体谅对方，就是维持婚姻的最好方法。

在李乐民看来，老伴可以在 1 分钟内流眼泪，只要听到好消息，立刻又高兴起来。她率性自然，不控制自己的情绪。她还是个急性子，“吃饭都比我快”。今天想到的事情今天就一定要做好，今日事今日毕。

如今年已八旬的彭水贞每天过得很充实，每天早上买菜回来，给李乐民和外孙做饭做菜。她的业余时间大部分是在东院老干部活动中心，和老同志们聊聊天，打打小麻将，“防止老年痴呆症”。

李乐民对老伴能坐着打几个小时的麻将很是困惑，“像我，每天在电脑上看论文写东西，久了就有点累”。

李乐民当时选对象条件不多，一是要身体健康，二是要热情。彭水贞这两点都符合要求。如今，80 多岁的人还能每天打几个小时的麻将，让很多同龄人羡慕不已。

李乐民八十寿辰与妻子共切蛋糕

说到热情，现在通信工程学院任职的徐世中教授特有感触，“师母经常过来问他们谁在，谁又出去了，十分关心团队的每一个人。我们读博的时候，师母经常在家做饭给我们吃，嘘寒问暖的。如果谁还是单身，她会特热心地给介绍对象。”

虽然李乐民性格内向、彭水贞性格外向，但是很多人看来，李乐民和彭水贞是绝配，是典型的“男主外、女主内”家庭。现在，他们正满怀信心地向钻石婚进发。

附　录

师恩难忘——学生回忆文章

师恩难忘——学生回忆文章

注：收录文章全部为李乐民院士八十寿辰时，正在或曾经在李院士门下读书的学生所写，《我的爸爸》为李院士女儿所写。

恩师的力量

距离研究生毕业已经整整22个年头了，然而回忆起在学校学习生活的日子，那段五味俱全的多彩岁月却仿佛近在眼前。始终觉得，能在电子科技大学走过我的青春时代，是值得珍惜一生的幸运；而能在李乐民老师的指导下学会做人做事，则是我日后成就事业以及人生的关键。

在学术方面，李老师凭借他在电子通信领域的深厚知识、深入研究以及他通俗易懂的讲解方法，极大地激发了我的学习热情。还记得，李老师开设的通信课程通常被安排在学生们容易因贪睡而迟到的上午，然而课堂上却少有迟到早退现象，同学们甚至是争抢着坐在前排听讲。光纤网络、信号传输、载波通信等艰涩难懂的词汇、概念在李老师深入浅出的讲解与描述中变得不再那么遥远，对现代通信领域前沿技术和案例的介绍，对未来网络发展趋势的展望拓展了大家的视野，并不断引发同学们继续思考、探索的兴趣。在李老师的引领下，同学们总是活跃地参与讨论，甚至在下课后还会对某个话题意犹未尽地展开研究。就是在这样的学习氛围中，我培养了对通信领域的浓厚兴趣并积累了扎实的基础知识，也正是这兴趣和知识支持并推动着我在通信行业中一干就是20年。

在研究生阶段，除了最初的半年课程学习外，其后的时间基本都在进行课题研究。在将近两年时间里，李老师给了我不尽的指导和帮助。遇到困难研究无法进行时，李老师会及时与我探讨、给我指点、分享资源。而在我对课题有了初步想法后，李老师便不会再给予更多的建议而是任由我的思维驰骋以形成自己的思路和研究方法。如今的我虽然已不再从事专业科研领域的研究，然而却始终认为学生时代所培养起的严谨科学的思维方法、敢于创新的探索精神和坚韧不懈的求学意志是我日后走入社会并成就事业发展的基石。看似专业知识的学习研究并不仅仅提高了一个人的专业技能，宽广的知识面、充实完整的知识结构甚至足以影响并完善一个人的思维方法乃至其对人生、世界的态度。在科研学习中领悟科学思想的真谛并做到触类旁通，这正是跟随李老师学习的真正收获所在。

在李老师的悉心指导下，我在研究生阶段于国内国际学术会议中发表的多篇论文以及研究成果使我得以在 80 年代末就有机会走出国门，看到外面的世界，并从此开拓了另一片天空。也许李老师都不曾知道，他的教导与关怀不仅在很大程度上提高了我在通信领域专业的造诣，甚至让我有机会、有可能从此改写并成就了自己的人生。研究生阶段是人生发展的重要阶段，那时青春懵懂又充满热情的我们，只有不断地充实、完善和历练，才能够步入社会并真正开始发展自己的人生。李老师用自己的知识、行动和对学生无尽的爱为我们做了表率，让我们逐渐告别青涩并羽翼丰满，而我的研究生阶段也成为人生转折点，让我由此开拓了不一样的人生局面。如今，每每想起李老师的指导、教诲和鼓励，我都会心存温暖与感激，这份感情将一直激励着我继续我的人生旅程。而李老师淡然不图名利的处事态度、谦和宽容的儒学为人之道以及在学术上精益求精的追求，也将成为我永远的偶像和楷模。

刘　飞

严谨求实　爱生如子

时光荏苒，转眼间博士毕业已20余年，迎来了恩师八十寿辰。任时光飞逝，您严谨求实的工作作风和对学生的无限关爱仍历历在目，犹在昨天。是您，将我带入科学的殿堂；是您，给我勇气去攀登科学的高峰；是您，给我指明了前进的方向，教会我如何做事，怎么做人。

您严谨求实的工作作风，教会我在科学问题上要实事求是。还记得和您一起修改论文的场景，对文中的每一个字，甚至每个标点符号，您都要反复推敲。对文中的数据和图表，大到它们如何得来，小到图中纵横坐标的单位和量纲，您都毫无遗漏地修改。更别说那些公式，您甚至会亲自推导！您的言传身教让我明白：在科学的道路上，来不得半点马虎，必须实事求是！您的教诲，让我受益匪浅。没有您，我就不可能取得现在的成就。

您对学生的关爱，就如对待自己的孩子。还记得那时，每当寒冬到来，您会提醒大家注意保暖，小心感冒。工作后，您不但经常提醒我要努力学习、刻苦钻研，有时候还亲自帮忙。还记得申请“973”项目答辩的时候，您不但帮助制作答辩投影片，而且在答辩时亲自回答专家的提问，使得项目能够顺利通过答辩并立项。在项目的开展过程中，每次项目研讨会，不管是在北京还是在郑州，您都不远千里，拨冗出席，并给我们提出宝贵意见！

可以说，工作中取得的每一点成绩，都离不开您的教诲与关爱。我会继续脚踏实地，努力工作，以期取得更大的成就，报答您的栽培！

值此恩师八十寿辰之际，衷心祝福您和师母幸福快乐，健康长寿！

张宏科

老老实实做学问　勤勤恳恳做贡献

1982 年秋，我从四川大学无线电系毕业，考入成都电讯工程学院无线电技术系攻读硕士学位，学科是通信与电子系统，不久后便选修了李乐民教授主讲的课程。当时李老师刚从美国加州大学圣迭戈分校完成访问学者工作归国。李老师在课堂上不仅系统讲授了数字移动通信的理论与技术，更是介绍了国际上最新前沿研究的成果，并推荐了他本人或与他人合作最新发表的论文。由于我的研究方向是数字移动通信，研究课题是扩频抗干扰多址通信，因此，李老师讲授的内容和推荐的论文立即引起了我的极大兴趣，我如痴如醉地沉浸在学习和研究之中。

在学术研究中，给我影响最大的是李老师在美国做访问学者期间与 Milstein 教授共同从事的研究工作及其发表的多篇学术水平很高的论文。我受这些论文的启发，针对一个更加复杂的模型进行研究和模拟，获得了一些新的结果。在李老师的鼓励之下，写成论文向国内的通信学报和 IEEE 全球通信大会投稿，均被录用和发表。20 世纪 80 年代后期，我不断发表相关的研究成果，一些论文还获得了 Milstein 教授等权威学者的引用。

1990 年我赴美参加学术会议，被邀请去加州大学圣迭戈分校讲学，结识了当时的权威学者、高通公司的创始人 Irwin Jacobs 和 Andrew Viterbi 等人，并建立了学术交流关系。1999 年，我在中国联通公司工作期间，作为首席谈判代表与高通公司谈判并达成中美关于 CDMA 技术知识产权的协议，能够在谈判最艰苦的时候起死回生，还得益于10 年前与高通创始人建立的学术交流关系，此为后话。

总之，李乐民教授是我在攻读硕士学位和后来攻读博士学位期间的学术领路人，可谓是我的恩师之一，令我终生感激。今年是李老师八十华诞，拟此文以志纪念，并祝李老师健康长寿。

李正茂

桃李不言　下自成蹊

1993年，我考入电子科技大学，师从李乐民先生。两年半的博士生涯，因与先生的朝夕相处而格外充实。先生为人谦和，但在学术上对学生要求极为严格。我虽有幸得到先生的肯定，成为先生第一位在两年半的时间内完成学业的学生，但在提交论文后仍心有忐忑。好在论文审阅、答辩都获得了全优，总算没有辜负先生的信任。

博士毕业后，先生力荐我到北京邮电大学国家重点实验室，跟随陈俊亮院士从事博士后研究。先生与陈院士的研究领域交叉点较少，我多多少少有一些诧异，但还是听从了先生的建议，进入了当时国内外方兴未艾的研究领域——智能网。在我努力汲取新知的过程中，新旧知识的碰撞激发出许多灵感，促使我成为国内移动智能网技术的"拓荒者"。当我的团队研制出国内首个移动智能网系统时，当我在2000年以该技术创建东信北邮信息技术有限公司时，当我的产品迅速成为国内移动智能网新增市场份额冠军时，我不由想起先生的决定，感佩于先生的良苦用心。

由于毕业后一直在北京工作，与先生相处的时间并不多，但借助各种通信手段，先生时刻关心着我的成长。国家杰出青年科学基金获得者，教育部"长江学者"特聘教授，两次排名第一获国家科学技术进步奖二等奖，我已习惯在每一次攀登时寻求先生的指点，先生也总是不遗余力地给我支持和帮助。

先生于物质极为淡泊，对生活要求很少，惟治学不倦，是一位真正的学者。记忆中，和先生相处的每一段时间，无论是在旅途上，还是过年拜年时，先生都在与我们讨论学术问题。先生学识渊博，视野广阔，每每与先生的交流都能给予我莫大的启发，激励我不断探索新的学术方向。

时值先生八十寿诞，谨祝先生健康如意，福寿年长！

廖建新

忆李老师香港访问往事

李乐民院士作为我国通信网络领域的知名教授，无处不彰显着一位学者与教育工作者的高贵品质。对研究事业的无限热爱，对学术研究的执着严谨，对学生的赤诚博爱和严格要求，以及与此强烈对比的生活上的简朴淡泊和对名誉利益的宠辱不惊，无不充分体现了中国传统知识分子的美德与特点。我作为李教授最早的研究生之一，先后从师三年，毕业后又多蒙教诲，相处多年，回忆往事历历在目，感触良深。

1996 年，我正在香港中文大学信息工程系攻读博士学位，李老师应邀作为高级学者到此做学术交流访问，历时一个月。李老师的工作隔间被安排在和我同在一个大的办公室里面，因此我有幸能和李老师每天一起工作。在这一短短的一个月里，我从与李老师相处的点点滴滴中深刻体会到了他对于学术研究的执着和对于生活名利的淡泊。为了有更多的时间用于工作，李老师没有选择住在较远的宾馆，而是住在仅有几个平方米的半地下室房间，每天跟我们一起到学生餐厅用餐，对生活上没有任何特殊要求。在香港的一个月中，对香港的繁华街市和旅游景点视而不见，除了正式的学术活动和与其他教授的交流讨论，李老师的作息时间跟在电子科技大学通信楼的工作时间几乎没有任何区别。每天我们都能看到一位精神矍铄的老人总在办公室看文献、改文章，专心致志，心无旁骛，他是如此热衷地忙着科研，办公室与宿舍，两点一线，重复着简单的生活。记得一天早上，在办公室工作的李老师收到一封电子邮件，通知他被评选为中国工程院院士。我们都不禁为这样的好消息而欢欣鼓舞，然而李老师却是那么地淡定，他的神态仍是那样平静，步伐仍是那样从容，仿佛一切都是自然而然，他仅和我们简单谈论了几句后就又专心投入到研究工作中。

歌德曾说过，读一本好书，就是和许多高尚的人谈话。那么，和李老师一起工作，就是在读一本好书，能使我的心灵得到洗礼，思想得到升华。李老师从来不会因为讨论某一学术问题而对别人进行学术攻击，也从来不会因为遇到困难打击而失去对真理的追求，他对待问题总是谨慎思维，小心求证。多年来，李老师客观公正、严密求证、孜孜不倦的学术精神一直影响并激励着我，指引我在治学和工作中严谨求实、勤勉奋进。这样的精神值得每一位科研工作者学习和发扬，值得通过我们的言传身教让其代代相传。

虽已时隔多年，但记忆深处仍铭记着李老师作为一位理论工作者的执着，作为一位学术研究者的严谨，作为一位师长的慈爱，以及作为一位学者的大气。严谨的谈吐、轻快的步履、敏捷的思维，尽善尽美，更重要的是他对研究事业无限的热爱和对学生亲情的释放，是他留在我们学生心中最为深刻的影像和最为感动的回忆。

冯　钢

一件小事印证平凡

那是1993年夏天的事情了，当时我刚本科毕业后留校分配到电子科技大学信息所三室工作。那时，李乐民老师任信息所所长，且是当时成电为数不多的“大教授”（博士生导师）之一；而我却是信息所的一个新兵，一个微不足道的小助教。当时我对李老师感觉如同在泰山脚下举头仰视一般，李老师在我心中有的是严谨、庄重、高不可攀的感觉；然而，这种感觉很快随着一件小事发生了奇妙的变化，让我看到了李老师的另一面。可能这件事李老师没有什么印象，但对我至今依然倍感亲切。

当时，李老师主要的工作时间已经转移到光纤重点实验室，但是李老师的一部分信件还会投递信息所三室，李老师也每周定期到所里来取走他的信件。记得是在我办完留校手续后的一个周六下午；那时周六下午是政治学习时间，因而大家下班会早一些。待各位老师离开办公室后，我将同学离校期间收集到的两个有问题的闹钟取出来；那时大家都倡导勤俭节约，想利用实验室的工具修复一下以便继续使用。当时还有徐世中，我们把两个闹钟拆开，各种齿轮、发条、游丝、螺钉等摊了一桌子。我们希望选择还可以用的零件组装一只可以用的闹钟，然而希望总是美好的，现实总是残酷的。我们正在焦头烂额之时，李老师像往常一样轻轻地进了办公室，走向信袋取信。这是我，可能也是徐世中第一次单独与李老师相处，我们俩非常拘束；没有敢主动与李老师打招呼，毕竟我们都是毛头小子，只是不安地拨弄手上的东西。李老师取了信也发现我们在做什么，饶有兴趣地走到我们身后，非常有兴趣地看我们干活。我想李老师肯定也拆过闹钟，说不定当年他就没有办法装回去才如此有兴趣地看我们。如此我的心情放松下来，气氛也没有那么紧张，记得李老师还指点过一两下。此时，李老师好像也没有原来那样“威严”了，更像一个慈祥的“师傅”。

这是我第一次单独与李老师相处，也是非常小的一件事情；却长期留在我的记忆里，其中的原因困扰了我很长时间；随着我后来也做了教授开始带自己的学生后渐渐有所感悟。一个学者感动和影响他的学生，除了学术成就和师道尊严的一面，还有作为普通人的一面。当我感到一个令很多人景仰的教授也像我是一个“平凡的人”之时，他对我的影响已经到了润物细无声的境界。这也是我不能忘记这件小事的原因吧。

胡剑浩

忆李乐民老师的两三事

离开学校十几年了，值李老师八十寿辰之机，应母校邀请，要我说说李老师相关的事情，也让我得以重温在老师身边的日子。

作为李老师众多弟子中的普通一员，1988 年 9 月，我从江苏考入电子科技大学通信工程专业本科，大三进入信息系统研究所三室，在李老师和吴诗其老师的带领下做滤波器研究。时年 56 岁的李老师留给我的第一印象是手拿烙铁教我这个普通的本科生做试验，耐心地教我知识。彼时的李老师已是国家级有突出贡献中青年专家、全国先进工作者。

1992 年，我师从老师，开始了硕士研究生和博士研究生的攻读，与李老师在一间办公室内学习和做科研，更进一步感受到李老师治学严谨，严于律己，一丝不苟的奉献精神。记得我的第一篇论文是有关“输入输出排队机制下 ATM 交换机的性能分析”，当我把初稿交给李老师审阅后，李老师用铅笔在文章中不仅指出了理论分析所应具备假设条件的合理性，而且给出了大致的结果态势，具体到位，使我的工作关注点十分明确。老师的融会贯通和学识渊博鼓舞着身边每个老师和同学。

1997 年，老师众望所归当选工程院院士，作为庆祝，在学校食堂跟教研室师生吃了一顿饭。当了院士，李老师的工作更忙了，可是他依旧关心着学生，老师常常讲，教师的重要任务是培养学生，教出有用的人才。常听到李老师接电话，看到他接待一些同学和老师，无不体现出他平易近人、脚踏实地的处事风格。记得有一次有个本科学生来请教他要报考老师研究生的事情，老师放下手中的工作，认认真真听学生介绍自己，不时提问其对基础知识的把握程度；当他们谈到概率论的时候，老师甚至跟学生讲解了某一段概率论的核心思想，我们都受益匪浅。学生谈完后跟我讲，原来心理负担很重，不知道这么德高望重的老师会提什么问题？自己又该如何回答？没想到李老师这么随和。

最近老师的血压有点高，希望能够尽快平复到正常状态。李老师在业界的成就自不必我多说。李老师是我的良师，一辈子的镜子，常常鼓励我要更努力实现自己的目标。谢谢老师，祝福老师！

钱炜宏

大爱如山

1998年6月我博士毕业时，有幸在导师刘盛纲院士的推荐下申请做李乐民院士的博士后，当我怀着崇敬和紧张之情走进李院士的办公室接受他的面试时，和蔼可亲的李院士起身微笑地招呼我坐下，我即感受到一位硕果累累、蜚声海内外的学术大师平易待人的谦和，一下子就轻松多了，李先生详细询问了我的教育背景、学术研究情况后，还要求我读一段英文论文来考查我的外语能力，我第一次感受到了先生的认真与严肃，领悟到早已耳闻先生做事一丝不苟的真谛。

我进入博士后工作站后，李先生根据我博士生期间研究基础，指导我从事高功率微波在通信对抗中的应用机制研究，并亲自带我到抗干扰通信技术国防重点实验室郭伟教授办公室，安排我参加郭教授负责的相关项目。当我将准备的博士后科学基金申请书交给先生审核，先生逐字逐句修改了申请书的错别字，与我讨论项目重点应研究什么内容、采用什么研究方法等，在先生的亲自指导下，我第一次申请的博士后科学基金项目即获得立项支持，没有先生宽广的学术视野、严谨的研究方法的指导，我的申请是不能成功的。

2004年6月，我从国外回到电子科技大学工作后，李先生亲自指导我如何组建科研团队，如何针对国民经济发展需求和自身的研究基础选择研究方向等，并在各种场合中向学校、学院建议加强对刚回国的青年教师的支持，正是在先生的指导、帮助下，冯钢、冷甦鹏等我们这些青年教师得到较好的发展并取得一定的成绩。

李先生不仅是我们的师长，也是我们的挚友，他治学严谨、诲人不倦、热爱事业、开拓创新精神已成为我们宝贵的精神财富。李先生那份对学生的关爱与责任，无一不感动着我们，也激励着我们……

在此，我衷心祝福李先生您生日快乐，健康长寿！您的健康是国家之幸、学校之福！

文光俊

我的爸爸

今年是我爸的八十寿辰，我祝他老人家生日快乐，也让我不禁回忆有关他的往事。谈起我的爸爸，他是一个很有才华，事业心很强的知识分子，他中等个头，相貌平平，是一位平易近人，脾气温和，善良的普通人，也是一位工作努力，很有责任心的科学工作者；是一个积极向上，赶超科学技术，侧重于通信技术的专家。

在我小的时候，爸爸经常加班和出差。记得我常常只能和妈妈冷冷清清在家，难得爸爸晚上能和我们在一起吃晚饭，他也是人在桌边，心在课题及实验室，边吃边考虑问题。以至于妈妈对他说的话，都没有听进去，回答我妈的问题常常是答非所问。在我的记忆中，他的生活就是看书，去实验室，去图书馆，全心地投入工作。经常由于科研项目时间紧，为了攻克技术尖端，他常常挑灯夜战，为完成任务付出了许多时间和心身。还记得他参加一项大型科研项目时，那时我妈正在干校劳动，我爸晚上要去实验室，一去就是一晚，那时年幼的我，只好一个人度过了一个又一个的夜晚。他对工作的态度，始终是乐在其中。尤其是在完成了一个又一个科研项目时，每次都给他带来幸福和享受。对他来讲，工作就是享受。然而，除工作之外，他还会在清闲时下厨烧饭，我家烧鱼时，他会来掌勺显一手，那是因为他可以烧鱼时鱼皮不粘锅。

一件让我难忘的事，真是记忆犹新，那是在我大二的那年，1980 年左右，爸爸以他的数理、英语扎实的理论基础，出类拔萃地，以优异的成绩通过了出国访问学者的考试。在这之前，我还在担心，他已是 47 岁出头的人了，他能通过考试吗？考不好多丢人！结果真是让我对我爸由衷地佩服。在国外的访问学者两年中，他就像如鱼得水，学习大量的国外先进技术，并与外国教授和专家做了大量的科学研究，写了科学论文并发表。回国后，他在通信技术事业上做出了很多贡献。他在培养研究生方面，认真负责，每次研究生到我家问问题，他总是那么仔细，很有耐心地解读研究生的问题。当然，我在中学读书时，我如有数学方面的难题，我总是去问爸爸，因为我知道爸爸的数学很棒。他每次都能启发和引导，解开我的难题。

在我的心目中，爸爸的脾气很好，我从来没有听到他在日常生活中有高声讲话，他总是心平气和。人们常说，母亲是慈祥的，父亲是严厉的，但我可以说我爸爸也是慈祥的。

总之我喜欢我爸爸，有这样一个好爸爸，我感到非常荣幸。有关爸爸的故事，一时也讲不完。在我爸的八十寿辰之际，我和我的全家都祝愿他生日愉快，身体健康。

李爱劳

他是一位仁者

A lot of people like talking about dreams: someone dreams of being famous; someone dreams of being rich … however very few people talk about how to live their lives fully. Prof. Li is a live example of how to live his life meaningfully: do what you enjoy, great things will follow. What I have learned from Prof. Li is not only the knowledge, but also a way to think, live, focus and go after your dream step by step. Prof. Li's dedication to his career gives him excitement and happiness. He doesn't care too much about external environment. He told us: when he is doing research at University of California, San Diego, he just needed a computer and enough papers to keep him going. In campus of UETSC, you could see him riding his old bicycle, take stairs instead of elevator … He is a true scholar, who enjoys learning new things every day. He is the one who gives you direction and freedom to let your mind go wild. I enjoyed discussing with him. He is patient and encourages us to go after our instincts. Happy 80th Birthday, Prof. Li.

译文：很多人喜欢谈论梦想：有人渴望有成名，有人渴望富有……但是很少人谈论如何有意义地过一生，李教授却给我们树立了一个榜样：如果你努力地做好你最感兴趣的事情，好事自然会接踵而来。我从李教授身上学到的不仅是知识，更重要的是一种思维方法，生活方式，集中精力、脚踏实地的态度。李教授对科学的热衷给了他激情和享受。李教授并不注重外在的环境，记得他告诉我们，当他在加州大学圣迭戈分校做研究时，一台计算机、足够的技术文献就可以让他畅游在科学的海洋之中。我们在电子科技大学读书时，也可以经常看到他骑着旧自行车，走楼梯，他完全享受在他的世界中……他就是这么一个真正的学者，喜欢不断地学习和探索新东西。李导师会很耐心地指导他的学生，给我们明确的研究方向，但不限制我们，让我们可以自由地追求我们感兴趣的东西，并在追求过程中不断成长。李教授，80 岁生日快乐！

景志钢

师恩难忘

最早听闻李乐民老师的大名，还是在未到成电读博士之前。在上海交通大学读硕士时，常听张煦老先生和其他老师提及，并极为推崇李老师的治学和为人，李老师编写的教材也是当时通信专业重要的参考文献。后来，我决定来成电读博士，张煦先生还专门为我写了推荐信给李老师。从1991年读博士，到1998年出国，从学生成长为教授，我在李老师的言传身教下学习、工作了7年多。我的科学研究态度和方法，很多是在这7年中逐渐形成的。在国外10多年，虽然学习了新的知识和技术，但是，技术的底子还是在这7年中打下的。

我读博士时，老图书馆的楼上有外文期刊会议集，每天下班前，李老师都要来查阅文献。那时，他已经60多岁了，但是，对最新研究动态的掌握，让我们年轻人汗颜，他可以随口说出哪一年、哪一位、做了哪一方面的研究，发表在哪一次会议或哪一期期刊上。那时还没有Internet，国外的期刊和会议录，要在出版半年至1年后，才能到成电图书馆。而北京的图书馆会早到几个月，所以，每次李老师到北京出差开会，都会去图书馆查阅复印最新的资料。我留校工作后，和李老师一起去北京参加过多次电科院的"八五""九五"规划、论证会议，每天一早，在9：00会议前，李老师一定是在雷达局的资料室。如果是在3月份，碰上人大会议，李老师还要在晚上阅读、撰写人大代表提案。对于人大的提案，李老师也是以治学的严谨态度对待的。那时我正年轻，精力旺盛，能连续几周熬夜写论文，但是，看到李老师，还是自愧不如。

1995年，李老师和我应邀去美国加州和Kansas访问，但是，因为当时“863”的重大项目“单节点 ATM 交换机”正处于调试的关键阶段，李老师把访问一再推迟，直到 1996 年 2 月底，交换机调试成功后才成行。Kansas 的初春，还是冰封大地。我和李老师住在离 Missouri 大学校园附近的旅店，每天步行来回于旅店和校园，查阅文献，和系里教授座谈交流 ATM 交换方面的最新成果。国外可以查阅到当月的期刊、几个月前 Globecom 会议录，我们真是非常兴奋。除了和电子系的 Sohraby 教授外，李老师还和数学系的教授们研讨合作 ATM 交换的理论模型。短短一个月的访问，行程很满，收获颇丰，还见到了刘飞、龚光、李晓峰等几位学长和陈倜荣教授。因为李老师名望在外，一路上都有教授、朋友、学生接待。当时我是第一次出国，说起照应，倒是李老师照顾我居多。访问回来之后，我们又忙着在北京邮电大学做 ATM 交换机和其他平台的系统联调。这是国内第一部自主研制的 ATM 交换机。我在李老师的指导下，自始至终参与了项目的研发，和唐绍淑、来光明、谭真平、胡钢、胡波、刘朴等多位老师同事一起工作，和前后几届的师兄弟张宏科、谭立军、蒋志钢、廖建新、何家福、曹世文等得到李老师的谆谆教诲，真是一生中难忘的时光啊。

每次回国，都会带着小孩去李老师家。李老师总是很关心国外的最新科技动态和我的工作情况，而孩子特别喜欢在李老师家跑来跑去，兴奋地从一个房间转到另一个房间，每当这个时候，我们充分感受到李老师和彭老师的慈爱。李老师和彭老师都出身名门，李老师的父亲还是美国伊利诺伊大学的博士。当年为了理想和追求，两位老师放弃沪上大城市的生活，来到成都，为成电奉献了 55 年的人生。

在李老师身上，我看到的最珍贵的品质，是一个“纯”字和一个“诚”字。正是因为这个“纯”和“诚”，他可以 60 年如一日，一直沉浸在学术里，钻研在学术的最前沿。正是因为这个“纯”和“诚”，他可以心无旁骛，为了学术和事业不计名利，不计个人得失。正是因为这个“纯”和“诚”，他真心待人，平易近人。作为学生，我20年来一直将李老师作为楷模，努力以一颗“纯”和“诚”的心对待工作，以一颗“纯”和“诚”的心待人处世，把一颗“纯”和“诚”的心写进文字。

在李老师八十大寿之际，祝李老师健康长寿，撰联敬贺。

纯于心，诚于心，敬于心，心中但为民族电子

勤于业，精于业，乐于业，业内堪称当代宗师

孙海荣

谦谦君子

1986年我考上了李老师的硕士研究生，因为我读的是在职研究生，在攻读硕士论文时也在李老师的指导下帮助曾大章老师（也是他的学生）研发光纤以太网。研究生毕业后留在李老师身边继续科研工作直到1997年。1997年到美国后没有读书，直接工作。这10多年来工作还算顺利，这与我在李老师身边学习和工作时打下的坚实基础分不开的。

到美国后我到了硅谷一家Startup公司工作。公司的老板叫刘政。后来公司被TranSwitch收购，成了TranSwitch在硅谷的分公司，做通信方面的ASIC芯片开发。刘政博士来自中国内地，也是通信方面的专家，知道国内有个李乐民教授。我没有博士学位，在美国也没读过书，却得到了刘政信任，被他安排在公司做ASIC芯片的Architecture设计工作。ASIC芯片开发成本较高，如果Architecture出问题损失会较大。我想我被安排这样重要的工作与刘政知道我是李老师的学生有关。由于刘政知道我是李老师的学生，他曾经叫我与李老师联系，准备公司出面邀请李老师来公司访问，后来因为经济危机没有成行。经济危机开始后，刘政回到上海成立了一家新公司Opulan，他开创这家公司后，多次专程去成都拜访李老师。刘政的这家公司很成功，去年以7200万美元的高价被美国公司Atheros收购。

以下还有三个给我留下深刻记忆的小故事与大家分享：

李老师很谦逊。记得大概在1983年，李老师刚从美国回国不久，那会儿我在读大学三年级，我们的班主任也是李老师的学生，凭着这个关系邀请李老师给我们班作个报告。作报告那天，班主任对我们介绍说“这就是李乐民教授”，李老师马上纠正说“是李乐民副教授”。那是我第一次见到李老师，虽然快30年了，我还记得。

李老师指导学生不辞辛劳。有一次李老师在教研室指导我的毕业论文时告诉我说有一篇文献我可以读一下，这篇文章正好在他家里。他叫我等一等，马上回家去把这篇文章给我取来。当时李老师的教研室在二系楼三楼，他的家也在一栋教工宿舍楼的四楼，来回还要骑自行车。

李老师和师母彭老师很关心学生。我在李老师身边学习和工作有10年时间，受到他们的关怀和教导可谓不少，但到美国后，以工作忙为借口，不常与他们联系。他们并不在意。在2009年年初，我得了重病，当他们得知后特别着急。当时他们正好在洛杉矶，给我打电话时说要到我居住的新墨西哥州来看我。那时我有10多年没有见到李老师和彭老师了，这么好的机会我不能去看望他们，反倒是他们要来看我，我心里真是又惭愧又感激。在写这篇回忆文章时，让我更深地体会到我真的是有幸成为李老师的学生。

谭真平

师恩泽吾永生

美国东海岸时间2011年3月7日晚，妻子和儿子正在新泽西的家中为我过55岁的母难日。电话铃声响起，拿起听筒听出是同窗好友谭真平从新墨西哥州打来的。他告诉我，收到一封电子邮件，说母校今年年中将在校园隆重举办李乐民老师八十大寿的庆祝活动。在读研究生时小谭和我同为李老师的学生，故而将此一盛事通知我。电话收线之际，我请他把邮件转发过来。

打开计算机检查邮件的空当，屈指算算，我的生肖属猴，比李老师他老人家小两轮，今年他老人家应是79岁。读完邮件，明白将要举办的贺寿活动是按国内庆九的习俗来安排的。九在10个数字中为最大，寓意长久。

遗憾的是，我因年逾八旬的父母于去年年底就已计划今年5月初起从国内动身来我处住半年，故而不能成行。想着不能前去成都当面向老师鞠躬贺寿，心中难免怅然。遥想当年在校园里读研究生时亲受老师耳提面命之情景，往事就像沙河里的流水潺湲而来，遂提笔记下几件，期望聊胜于无，能小补一下缺席之憾。

一件是老师对世界通信发展前沿方向的准确把握。我是1987年秋回母校读硕士研究生的。大概于1988年年底完成课程要求后就进入论文开题阶段，老师给的论文题目是新一代数字通信网，即同步数字分层（SDH）网中帧同步和多路复接方式的研究和实现。说实话，当时自己对该研究课题的先进性和重要性并无多少认识，只凭直觉感到老师给的题目一定好。直到若干年后才体会到，老师当年给的题目在当时的国内甚至国际通信界来说岂止只是好，简直就是一流的。实际的情况是，国际电信联盟的通信标准部（ITU -

T）于1988年11月正式发表SDH传输网的第一个标准，老师即是在该标准问世之际就开始组织课题和人手展开研究的。SDH传输网集数字集成电路技术、光纤传输技术及高级网络管理维护功能于一身，其标准允许当时已在世界上存在的不同标准、多种不同速率的数字信号在一个相同的帧协议中同时传输，它的出现导致世界上最大的通信网，即公共电信网从20世纪末期开始从准同步数字传输向同步数字传输的方向转变，今天纵横交错穿越大洋连通大洲的骨干网就是以SDH传输网为基础的。更没想到的是11年后，我凭在此期间在老师的精心指导下对SDH数字传输网研究打下的基础在美国电话电报公司找到了工作，并一做至今。从刚开始在实验室侧重跨洋海底光缆通信系统的性能标准制定和测试，到作为公司的代表参与中美太平洋海底光缆通信网的测试开通，到以后负责大西洋海底光缆通信网的维护，再到如今跨洲跨洋的IP传输网的监测和性能分析应用，无一不在与SDH传输网打交道。特别是这期间还历经了子贝尔公司收购母贝尔公司过程中的几番残酷裁员浪潮，使我从中真正体会到了什么叫获益匪浅。从师三年，享用终生。没有老师当年的独到慧眼准确把握世界通信的发展趋势为我选定研究课题，我也许就没有什么过硬并且经得起时间考验的一技之长能在异国他乡安身立命。一日为师，终身为父。老师的培育之恩，与父母的养育之恩一样，洋洋兮如江河，泽我永生。

另一件是老师的身体力行，不仅理论功底深厚，而且动手能力也令人叹为观止。俗话说师傅领进门，修行在自身。按说拿了导师给的题目学生就该自己去努力了，但我从开题直到课题调试完成自始至终得到老师的关心和指导。在设计实现STM－1复接器的过程中面临几个问题，记得其中之一是要另外设计一个伪随机数字信号源作为复接器的数字负载输入以供调试复接器时使用。老师不但指导我找到产生所要求的伪随机信号的模式，还如数家珍似地告诉我用什么样的数字集成块就能实现它的功能，电路板上该如何布线可以避免或减少高频干扰。到了调试的阶段，当示波器显示出信号源和复接器的输出波形时，老师即刻就辨别出哪一个波形是正确的，哪一个存在着干扰。我的一点点动手能力就是在老师这样的悉心教导和熏陶培养下获得的。从 34 岁获得硕士学位并一步步走到今天的经历，教我对什么叫三生有幸有了更深一层的体会。

再一件事就是老师一贯特有的长者温厚风范和谦逊美德。记得毕业我回原单位工作后，老师为了巩固我所学到的理论知识还特地让我继续参与分接器的设计和实现。有一年我回母校去看他老人家和留校任教的几个同学，他和师母还专门抽时间与我们一道吃饭，并关心询问我的家人在美国的生活情况。要知道，那时他已是中国工程院院士和全国人大代表，不仅要从事教学科研任务，还担负着诸多的社会工作。再就是老师时时处处体现出来的谦虚态度。远的不说了，就说最近的事。2009 年中秋前夕，老师来纽约开会。承蒙他老人家和师母不弃不嫌，来寒舍住了几天。我对老师说，我现在赖以安身立命的工作是老师给的啊！而老师听后面带他那特有的微笑十分谦虚地表示，是我自己碰到了好机遇。

想起老师，就想起他老人家始终挂在脸上的微笑。回首往事，从师三年虽短，然而老师教给的学业、技能以及为人处世的行为规范，使我终身受益，师恩师德已成为惠及我一生的宝贵物质财富和精神财富。真是三生有幸当年能得到老师的教诲和培养。老师的恩泽，永生难报。“海上生明月，天涯共此时。”虽然远在大洋彼岸不能躬逢其盛，但老师寿辰之日我也会东阶升堂，行三揖礼，一祝老师健康长寿；二谢老师培养之恩；三表老师再造之恩我将终身不忘。

仁者有寿，春秋永在。衷心敬祝老师生日快乐，老师和师母松鹤长春！

滕　军

回忆李老师的几件小事

在光纤室的6年是我人生中重要的一站。在李老师的指导下，我学到的是对待科研的严谨；一直在学的是如李老师那样平易近人的谦逊；学不到的是不计名利的超然。

回忆起来，这6年时光像电影片段一样闪现、重叠，不禁让人感到又回到了那段时空。奇怪的是，最清晰的却是很多小事。事事发生的先后已不重要，但仍然记忆犹新，难以忘怀。

电　梯

记得那几年电梯周末不开，平时也偶尔会出故障，还有时候，调皮的学生按下所有按钮。不管怎样，遇到这样的情况，都不会令人高兴。而我们实验室在九楼，受影响就更大些。有一次下班，不少人都板着脸在等电梯，我也在其中。过了一阵，电梯还没来，有人开始哼哼，有人叹息。

这时候，李老师从办公室出来，一看那么多人，笑嘻嘻地就去走楼梯了，还边走边说："我和你们比赛，看谁先到！"大家都笑了，为李老师的率真和乐观而高兴。

九　楼

李老师是早起的人，通常上班都比我们学生先到。于是，在通信楼附近，大凡找李老师的人，如果问到我们，最简洁的回答就是："九楼！"

有一次，在信息中心遇到雷维礼教授，想找李老师，问我。

"九楼！"我几乎脱口而出。

"酒楼？"雷教授看上去很诧异。

"九——哦，对不起，是光纤室的九楼。"

多少比多少

那一年法国足球世界杯期间。那些悬念叠生、精彩纷呈的比赛，犹如一针兴奋剂，给平时略显单调的学生生活注入了不少活力。由于夜里的直播较晚，我们会在第二天下午看重播。刚好实验室有一台电视，于是，大家就挤到一起，把门一关，兴致勃勃地开看，却不管还是上班时间。

突然，李老师推门进来，我们几个学生都很紧张，不知道李老师会说什么。

“多少比多少啦？”李老师好奇地问。

这宽松的学习氛围和融洽的师生关系，现在回忆起来，都令人愉悦。

投 稿 排 名

不少学术杂志都向李老师约稿。有一次，李老师让我为《中国通信》的一篇文章写几段，他自己同时写了另外几段，合在一起寄出去了。《中国通信》面向的读者多为企业界的管理人员，所以一般要求第一作者是要有一定知名度的。定稿时，李老师发现他是第一作者，就在修改意见中，要求把我的名字排到第一，理由是我写的内容占的篇幅稍多一些。文章刊出后，我发现那一期的所有文章中，只有我们这一篇的第一作者是位学生。收到稿费后，李老师又把它都给了我，在当时，对我们在校学生来说，那是不小的一笔收入。

这些小事无法描绘出李老师在我心中的全部，但他就是这样一个人——朴实、慈祥、专注而敏锐、纯真而正直。他在学术上的造诣令我敬佩，在人格上的高度更令我景仰。我为有幸成为他的学生而自豪。

温蜀山

我请李老师吃饭

李老师热爱技术，不大喜欢应酬。我有幸请他吃过两次饭。

第一次是2004年李老师到美国开会，途径硅谷转机去女儿家。我得到消息送他去San Jose机场。我们一路上一直在谈技术。我1997年到美国工作，研发产品，接触的基本都是商用的偏成熟的技术，加上自己确实谈不上对技术热爱，跟踪很少，所以感觉很惭愧，不能给李老师介绍多少东西。即便这样，李老师还是不断地问问题，希望能从我这里再淘点。我很惊讶李老师对通信领域追踪得那么广，还能对我所从事的小方向了解得比我深。中午吃饭，我找了家普通的日本餐厅，李老师嫌贵，要换更便宜的，我坚持已经算便宜的了，才随便吃了顿便饭。

后来因为经常回国，回成都，看望过李老师和彭老师几次。他们都很高兴有学生来。照例是李老师问技术，偶尔我能提供一点新的东西，李老师会立刻眼睛发亮，兴奋起来。我们也聊到师兄师弟们，李老师会讲谁也算混得好的一个，谁又发生了小概率事件。李老师反应敏捷，记忆力超强，真应该给我们好好介绍一下他的养身之道。2009年年初我回成都，到李老师家，我说出去吃个饭，本以为李老师不会答应，没想到他竟然爽快地同意了。同去的还有彭老师和他们的孙子。

席间趁我跟彭老师聊家常的时候，李老师偷偷出去买单了。我发现后要服务员退钱给老师，李老师无论如何不肯，我只好作罢。出来后我们走到建设北路跟沙河交界的地方，我准备分手回家。当时还在为让李老师付钱的事纠结，一闪念就把钱塞给他。李老师不接受。我一急，拔腿走掉。李老师竟然追上来，我只好飞快地跑了。当我从桥上跑过沙河，到了斜对面，才回头看见李老师站在另一边的桥头，对我微笑着，有一点沮丧的样子。我心头一颤，挥手离开了。

周信宽

在李老师身边学习的日子

我一直觉得自己很幸运，在学业生涯的最后5年，能遇到一位影响自己一生的老师——电子科技大学通信与信息工程学院的李乐民院士。有人说，父母是人生中的第一位老师，他们用言传身教来构造你的性格品质，并决定你的社会起点。随后，你会遇到很多老师，有传经送宝的，有授业解惑的，还有排忧解难的。但是，真正能如父母一般塑造自己的老师却很难遇到，而既能传授知识，指点迷津，又能教你如何做人的老师则少之又少。如果你还能遇到一位老师，他从来不讲大道理，也不用深奥的术语说教，而是像朋友一样平视你；用朴实、温和却又精准的语言解答你疑惑的问题；用自己的一言一行点化你，引领你感悟人生，纠正偏差，完善自我；用平和的心态驾驭激流，对待潮起潮落，如春日细雨般潜移默化地滋润周围。那么，你一定要怀着感恩的心来珍惜和他在一起的日子，因为这样的老师可能终生难遇。

李老师便是这样的一位老师。他在学术上的造诣无须多言，无数的科研成果和学术专著早已证明了他在通信领域的位置，而这背后反映的却是他严谨的治学态度、渊博的知识、孜孜不倦的钻研精神和敏锐的洞察力。光就治学态度这一点我就深有体会。每次李老师看我的文章，他都不仅会指出文章在主题、内容、思路方法和技术细节方面的问题，还会一点一点地修正文章中的措辞，每句话都会仔细琢磨，直到符合要求为止。更可贵的是，他还能在数千词的文章中找出某句话的语法错误和单词拼写错误，让以前撰写论文不够严谨的我汗颜。

李老师是和蔼的，又总能给出建设性的意见。在科研工作中，我总有些后知后觉，以至于在攻读博士的前两年都没有做出像样的工作。然而李老师并没有指责我，而是把一些很有价值的参考文献推荐给我，激发我做科研的灵感。可以说，如果没有李老师，我不可能完成自己的学业，实现梦想。

李老师更是朴实的，这点最让我感动。如果不是正式场合，李老师的穿着永远是那么朴实，甚至有些陈旧。如果没有极高的个人修养来抗拒这样的地位所带来的各种诱惑，几乎不可能保持这样的生活作风。最让我动容的是，有一次在办公室和李老师讨论学术问题，由于天气炎热，李老师把裤管卷了起来，我不经意地朝他的袜子看了一眼，竟然发现上面补了很多洞！在生活上有些小资情调的我顿时无地自容。

李老师就是这么一位老师，他会在合适的时间、合适的情况下用合适方式去指导你，给你足够的空间去思考、去领悟。你仔细思考他的每一句话，都会回味无穷。他的教育像春雨一样浸润着每个受过他启迪的学生，让他们在迷茫中感到醍醐灌顶。由衷地谢谢您，李老师，是您教会我必备的科研方法，教会我以平和的心态去面对挑战，让我更有自信地对待生活。您的教诲是我人生中一笔无法替代的财富！

在李老师八十大寿来临之际，恭祝李老师福如东海，寿比南山，在学术上做出更大的成就，培养出更多的通信栋梁之才！

戴　睿

师者如父

每年5月恩师李乐民院士的生日都是我特别感怀的日子。光阴似箭，为恩师庆祝七十寿辰的场景恍若才发生在昨日，而今年即将迎来恩师的八十寿辰了。

1998年秋，我刚考入电子科技大学修读计算机通信本科专业，每天早上7点我从16栋男生宿舍去自习室的路上，总能看见当时还没拆除的风雨棚前的单杠上有一位老人在锻炼身体。冬天的成都，早上7点天刚蒙蒙亮，校园路上行人很少，这位每天坚持锻炼身体的老人给我留下深刻的印象。4年后我才知道，这位老人就是通信学科的学术泰斗李乐民院士。这也预示着我和恩师的缘分吧。

2001年冬，即将本科毕业的我有幸获得硕博连读的保送机会，师从李老师。初进实验室，李老师找我谈心，除了问我对未来所憧憬的学术的想法，还问了我的家庭情况。后来才知道，李老师常设法资助那些家庭困难的学生修读学业。只要不出差，我们每天早上8点和晚上7点半都能看见李老师准时出现在实验室的身影，令那些有迟到早退想法的学生们汗颜。当时的实验室位于老校区通信楼9楼，李老师每天下班都不乘坐电梯，从安全通道走楼梯下到一楼。

2004年夏，我第一次向国际期刊投稿，李老师在打印稿上逐字逐句修改论文，对论文的质量要求精益求精，几近苛刻，不仅修改学术论点，更连英文语法和标点符号都逐句斟酌反复修改，通篇文稿上密密麻麻全是恩师修改的笔记。这篇经恩师反复修改的论文最终录用发表，极大激发了我的学术创新积极性。多年后的今天，我在指导自己的学生修改论文时，脑海里总能浮现出当年恩师为我反复修改的那份文稿。李老师精益求精的治学精神，一直鞭策着我，成为我兢兢业业认认真真带好学生的动力。

2006 年夏，我获得了博士学位，虽然对母校无限眷恋，但由于家庭原因不得不放弃留校，赴东北大学工作。李老师非常支持我的决定，鼓励我在新的工作单位开展全新的研究工作。毕业 5 年，我从东北大学最年轻的副教授到东北大学最年轻的博导，一直谨遵恩师的教导，守住清贫耐住寂寞，埋头做事低调做人。李老师严谨治学的言传身教，在我毕业之后的这些年，一直是鼓励我进取向上的强大精神力量。

谨此祝贺恩师寿辰快乐！衷心祝愿恩师百年长寿！

郭　磊

科学研究的领航人

离开电子科技大学快10个年头了，那里的点点滴滴仍然清晰地留在我的记忆里。每当看到或听到电子科技大学的名字，心中就会涌出一种莫名的亲切，脑海中就会浮现出我的恩师——李乐民老师，还有那金黄的银杏林，那盛开的栀子花，那巍峨的电子通信大楼……

我第一次见李老师是1999年3月的一天。那是我博士入学后不久，在电子通信大楼9楼李老师的办公室我见到他。清瘦，和蔼，平易近人，具有学者风范，这是我对李老师的第一印象。简单寒暄后，李老师便给我讲他目前的一些研究情况，着重介绍了几个可作为博士论文的研究方向，但他并没有指定我具体做什么，而是给我介绍了一些相关的杂志，让我先去图书馆找些资料读读，进一步了解这些方向，过一段时间再去找他，谈谈自己的看法和打算，再慢慢定下研究方向。就这样，我在李老师的谆谆教导下，顺利毕业了。通过3年的博士生活，我深深地感到李老师是我们学术上的引路人，他总是用他渊博的学识、超凡的智慧和敏锐的感知为我们指明方向，推荐我们可做哪方面的研究，但他会尊重我们自己的选择，绝不会主观地为我们决定。

李老师是一个认真、严谨、一丝不苟的人。记得2000年4月初，我完成了博士期间第一篇论文的撰写，经过多次认真修改，自己觉得挺不错的，便打印好送给李老师看。李老师让我先回去，他先看看，过几天再找我。几天后，我从李老师那里拿回稿件，发现到处都是用红笔圈改的痕迹，甚至连一些标点符号都做了修改。李老师这种认真、严谨的作风对我影响很深，我以后写东西时对细微之处也绝不马虎，而且这种作风也带到了我的工作中，当我为研究生修改文章时，也像李老师那样一字一句地推敲。

李老师思想敏锐，孜孜以学，即使在他出差期间也会看文献。记得在我读博士期间，每次去他办公室时，都看见他在读资料。每当读到与我们研究方向相关的新文献，或者得到一些国外新的研究信息，他都会推荐给我们，让我们读读，希望能给我们的研究带来启迪。毕业后我在大连与李老师见过几次面，每次我去宾馆见他时，都发现他在随身携带的笔记本电脑上读资料。他的这种好学和勤奋的精神时时鞭策着我，让我不敢懈怠。

从李老师身上，我学会了很多，是他将我引上了学术之路。我从他那里学会了如何做研究、如何指导研究生、如何做人。

永远感谢您，李老师！

何荣希

高山仰止　景行行止

今年是我的导师李乐民院士八十寿辰，先生将一生的精力、智慧几十年如一日地全身心奉献给我国的通信事业。他学识渊博、品德高尚、桃李遍天下。作为一名他的学生，先生的音容笑貌、谆谆教导以及往日求学时的情景仍历历在目。

严谨务实的科研导师

先生从事通信技术的科研与教学工作50余年，是中国工程院院士，也是全国人大代表。主要致力于通信网与宽带通信技术，是国内这一领域的专家和学术带头人。作为我国通信领域泰斗级的人物，论文著述等身，学生遍布海内外通信业各大公司和高等院校。

先生的治学态度极为严谨，记得我博士开题时，李老师建议我选择当时在国内还非常新的光通信领域，面对着完全陌生的领域、几乎为零的资料以及庞杂的思路，一时无从下手。我不得不经常去请教先生，先生从如何确定课题研究方向、建立理论体系、项目调研和论点论证、科研工具的使用及收集查找资料等方面，给予了我直接指导，使我如入宝山、恍然大悟，并且逐步领会和掌握了研究的方法和思路。

先生在科学研究上极为严谨和一丝不苟，对课题中的每一个细节总是反复推敲论证，大胆地假设、小心地求证，每一个论点都要求我们要有推导的依据，绝不允许出现“想当然”。即使在后期论文的文字表达上，他都字斟句酌，力求完美。正是先生的这种求真务实的科研方法及严谨的学风，对我日后走上工作岗位上的实践工作培养了良好的作风和奠定了坚实的基础。

低调淡泊的布衣科学家

早在20世纪90年代中后期，中国通信行业最为火热的时期，由于先生在通信业界的赫赫名望，国内外很多通信巨头，争相出高薪聘请先生，均被先生婉拒，先生称“我只是一名普通的科研工作者”，并且一直不放弃最清贫的通信理论的研究。夏天一件洗得发白的衬衫、一双70年代生产的塑料凉鞋、一辆加重的二八自行车，让你无法将这套装扮和科学巨匠联系起来。先生一生始终保持着平民知识分子的本色，不慕名利，不钻官场，不经营自己。先生在他人生中用实际行动诠释了宁静致远、淡泊明志的人生观和世界观。

先生的生活十分简单和有规律，直到现在还保持着每天早上6：30起床，锻炼身体及早餐后，就开始一天的科研和教学工作，除了每天晚上7：00开始的半个小时新闻联播，几乎没有什么更多的娱乐活动。

先生是一个简单纯粹的人，全身心地投入在自己的科研世界里，面对外界复杂多变浮躁的物质世界，他就像生活在桃花源里的村民一样：“不知有汉，无论魏晋。”不论时代如何风云变幻，先生始终保持一颗赤子之心。其专心治学、淡泊名利的高尚情操，与当下物欲横流的世界观显得格格不入。

诲人不倦的学海宗师

先生在日常生活中，是一个极为平易近人的老者，求学期间，每逢节日，先生的学生们，无论是毕业了的还是没有毕业的学生都喜欢到他家，而他也经常很高兴与我们分享他做学问的体会和求学期间的趣事，这时我们这些晚辈也就有了与他不分老少“海阔天空”的快乐。我们谈工作、谈学习、谈未来、谈有意思的书，也议论当下社会的各种现象，先生总是教诲我们：“要做一个有责任感的人，做一个有益于国家和社会的人，先天下之忧而忧，后天下之乐而乐，为国家富强、民族兴旺而奋斗。”

先生也十分关心后辈学生的成长，他对晚辈学生关爱至极，悉心教诲，且不遗余力地提携后学，他常说“通信技术的发展日新月异，年轻人思想活跃，在新技术新知识具有明显优势”。在先生的精心培养下，涌现出一批勇于创新、敢于拼搏的年轻人走到科研的前沿，并在各自的领域颇有建树。先生的学生都以“高山仰止，景行行止，虽不能至，心向往之”来表达对恩师的崇敬和感激之情。

虽然我已离校毕业多年，但先生极富魅力的人格、精深的学术造诣及高尚的道德情操，时时激励鼓舞着我，每时每刻不敢有半分松懈。每当在工作和生活中遇到困难和困惑时，回忆起先生的教诲，一股责任感油然而生。

金明晔

大师风范

和蔼可亲的长者

虽然从很多途径了解到李老师为人谦和，但是在第一次即将面对通信领域硕果累累的专家、大名鼎鼎的院士时，我的心情依然非常忐忑。直至李老师亲自走到门口，和蔼地向我伸出手："小卢，欢迎你。"没有架子，和蔼可亲，这是李老师给我的第一印象。

儒雅淡定的智者

除去外出开会的时候，在通信大楼二楼每天总是能够看到李老师在办公室看文献、改文章，专心致志，心无旁骛。对前来请教问题、咨询事情的学生、同事，他也总是谦和地一一解答，有条不紊。有一件小事让我印象非常深刻。一次讨论中提到了一些我未曾看过的重要期刊和文献，李老师直接取出稿签纸，将期刊和文献清晰工整地逐一写在纸上，字里行间流露出一丝丝的儒雅与淡定，如一缕春风吹走我心中的浮躁。

严谨博学的学者

与李老师的交流是愉快和没有压力的。很难想象，作为通信领域的著名学者，在讨论问题时是如此的谦虚与耐心。初入李老师的研究团队时，我对通信领域并不熟悉，为让我尽快地确定博士后的研究方向，李老师花了很多时间与我讨论通信与计算机两个学科的差异与融合，他渊博的知识、独到的见解以及对学科发展敏锐洞察力使我很快地确定了研究方向。在博士后研究期间，我有了更多接触和了解李老师的机会。在与李老师交流过程中，我发现每当谈到别人的一些想法和观点的时候，李老师总会说明出处，而对于某些未涉猎的领域，李老师也毫无避讳地说明并虚心请教，充分展现了他严谨治学的态度、实事求是的作风和对学术锲而不舍的追求。

这就是我心目中的李老师：一个严谨博学的学者，一个儒雅淡定的智者，一个和蔼可亲的长者。桃李不言，下自成蹊。

卢国明

谆谆教诲　深深关爱

冬去春来，岁月流转。悠然回首，已毕业4年，您的教诲与关爱却如同是在昨天！是您，在我黑暗的人生道路上点燃了一盏最明亮的灯；是您，在我人生的启蒙路上当了不离不弃的引路人；是您，在我跌跌撞撞的时候指明了前进的方向；是您，给了我无数的关爱，让我在忧郁时把泪擦干，再次笑面人生。没有您的哺育，我何来用之不竭的动力；没有您的呵护，我又哪来驾驭一切的勇气。

您是一个温润如玉的长者，总在细微处不动声色地进行点拨。记得刚开始读博士的时候，没有确定具体的研究方向，我就像热锅上的蚂蚁急得四处乱窜，在多个研究方向上开展研究。是您及时把我叫到办公室，对我说："小罗呀，我看你现在什么都在做，也都还有点东西。这个很好，说明你知识面宽！"我还没来得及高兴，您话锋一转，接着说："可是我在想，你的博士论文，取个什么题目合适呢？"顿时惊得我呆若木鸡！没有您的点拨，我就不可能在后来的研究工作中集中精力在某个方向上开展深入研究！

您循循善诱的教诲与鼓励，让我时觉如沐春风，受益匪浅。记得有一天您将我叫到办公室，以叶通师兄为例，讲了师兄们的工作做得如何如何好。末了，您说："我看你的条件不比他们差，应该努力做得比他们好才对嘛！"您的话语，既给了我动力，也给了我莫大的鼓励与勇气，让我在后来的学习与工作中勇于克服万难，在知识的海洋里翱翔！

您事必躬亲、勤俭节约的作风，教会我如何工作与生活。可曾记得您办公室的灯光，不到夜里10点绝不熄灭！还记得夏日里，您捋起袖子伏案工作的场景！每每忆起这些，让我在后来的学习和工作中不敢有半点怠慢。您那双后跟破了个大窟窿的袜子，告诉我什么是节约！

您那慈母般的关爱，每每想起仍然暖上心头！记得张翼德生病时，您让师母将医疗费亲自送去。还记得我儿子出生时，您甚至让我搬到您那里去住，并叮嘱一定要母乳喂养！仍记得我们玩游戏时，您没有批评，而是善意地提醒我们："当你们像我这么大年纪的时候，该怎么办?"工作以后，看到学生们玩游戏，总会想起您的教诲，满怀感激的同时也试图以同样温润的方式引导学生。

虽已别离数载，可您的谆谆教诲却从未离开心头。一如圣者的声音，指引我前进；把温暖的情愫，播至遥远。我会怀着一颗感恩的心，奋发向上，努力工作。向往着有一天，能让您品尝到我丰硕的果实，并接受我内心深处的呼唤：谢谢您，亲爱的李老师！

师恩浩大，重如泰山！值此恩师八十寿辰之际，衷心祝福您和师母身体安康，万事如意！

罗洪斌

冰心一片化春风

一个在UCLA获得博士学位的朋友讲了一件事情给我留下很深的印象。说她在美国读书最幸运的是上过Leonard Kleinrock的课，亲耳听Kleinrock教授讲排队论，那种“如沐春风”的快乐真是莫大的幸福。我想，一个好教授大概就应该这样吧，谦谦君子，学术楷模，内心清净，言行温和，像春风一样熏陶自己的学生。李老师就是这样的教授。能做李老师的学生，也是大家的幸运。

20世纪80年代还在北京上大学时，就听说过李老师。当时他是全国人大代表，报纸上报道他利用人大会议间隙去北京邮电大学查资料找一篇文章，说全国所有图书馆只有北邮图书馆能找到。当时我想，这个老师一定很厉害，有水平，做事细致严谨。没想到，后来能做李老师的博士生。

来电子科技大学读书工作后，校内校外听到李老师的事情就更多了，无人不说李老师是勤奋的人做学问的人。偶尔在校园里碰到李老师，打个招呼聊聊天，总是春风拂面令人欣喜。

一次，在逸夫楼电梯里碰到李老师，说，哎，小汪，我正要找你。我忙问什么事。李老师说，刚来一个博士生，不知道怎么上校园网，我来找你帮他解决。那个时候李老师已经是工程院院士了，替一个博士生年轻人做这样的事情。我说，李老师，您叫他直接给我打电话就行了，哪需要您亲自跑一趟？李老师说，他刚来学校，不熟悉情况，也不认识你，怕说不清楚。我不知道这位博士是谁，他知不知道自己曾经很幸福？李老师很多年前为他做过这样一件小事。相信他一定知道，并且一辈子不会忘记。我想，李老师为他的学生做过的这种小事一定很多很多。

2007年做李老师的博士研究生后，跟李老师的接触多些，但总起来说还是太少了，天天瞎忙，错过了很多机会，这是很大的遗憾和损失。即便如此，李老师依然给我很多的指导，让我获益匪浅。

李老师很清楚我的计算机背景转读通信需要补什么课。在博士面试的时候，为了让我“过关”，李老师故意出了一些偏计算机和计算机网络的题目，让我答起来不至于太难看。然后再告诉我，小汪，你去看看《信号与系统》和《通信原理》。李老师知道我在做无线传感器网络的项目，还出了一道题，让我回答当时无线传感器网络有哪些研究热点。他这是在告诉我怎么做高水平的工作，怎么做论文选题。

后来，有一段时间在外地工作，跟李老师联系很少。偶尔打个电话，李老师会提醒我学分啊、报告啊等等“小事”。要承认，自己确实不是一个好学生。

2009年回成都后，给李老师打电话。他说，你完全回学校了？那就更好了，可以好好做论文。李老师话语间自然流露出来的关心，让我倍感温暖。

为了开题报告，曾经去李老师办公室找他。李老师说，小汪，你的报告我看了，这样改，你看行不行？老师问学生行不行，我当然说行。李老师说，那好，我给你打印出来签字。李老师办公室一直用一台很老的打印机，用了8年，速度已经很慢。我说我来，李老师不让，说我不会用他的机器。他在文档上把开题报告再仔细看一遍，打印预览一次，发现排版不好，又改改，再预览，然后打印。签完字，再从头到尾看一遍，发现日期不对，用笔填一下交给我。在我准备走的时候，李老师想起来，日期涂改过，不好。又从新打印一次，认真签上名，填上日期。那台打印机实在太老旧，我建议李老师换一台，打个电话就可以办好，1000多块钱，非常便宜。李老师说不用，这台机器他用习惯了。这次开题，我的收获很大很大。

当然，李老师对我学问上的指导就很多很多了。每次去跟他谈论文的事情，他都会告诉我，谁谁谁在做什么，那篇文献如何如何，从哪个网站上可以看到最新的进展，等等，当然都是最前沿的信息，让我加以关注。我常常惊讶于他的学术敏锐度，因为有些东西我也知道，刚在北京或者别的什么地方见过这个人或者听说过这件事。他天天坐在成都的办公室怎么知道得这么多这么快？这样的功夫显然不是一天两天可以得到的，是几十年如一日的思考和积累，是真学问。

在关于电路交换分组交换问题的讨论中，我常常偏执地认为电路交换的可控可管性应该捡回来。李老师提醒我，电路交换很难处理突发流量。一句话让我无言以对。我想他并非反对什么，只是告诉我考虑问题要有全面性。在关于网络确定性的讨论中，我又常常偏执地认为，时间触发的 TDM 方式好得不得了，李老师立刻指出问题是在大网上怎么办呢？我想他也并非反对确定性，只是告诉我考虑问题要有全局观。

论文修改的半年中，李老师主动给我打了多次电话，要么在电话里面讨论，要么把我叫到办公室讨论，从确定题目到文献查阅到谋篇布局到文字表达，一一悉心指导，仔细修改。其中一个版本用铅笔在打印稿上修改，一个版本在电子版上修改。我都把它们珍藏起来。有一个版本的修改是在今年 1 月底完成的，那个时候已经临近春节，李老师刚从外地回来。2 月中旬，我接到李老师的电话，他告诉我，小汪你赶紧去网上看看，学院要求提交论文了，你不要错过了。我还真没有注意这件事，不是李老师提醒，还真有可能错过。

在我的博士论文的最后，我写道："李老师严谨而渊博、耐心且宽容，生活简朴、待人诚恳，学者风范令人敬仰，学术人生令人羡慕。一生中能遇到这样的导师，是我的幸福！"我自己也是一个教授，也有自己的学生，我怎么去引导他们影响他们？李老师是我的榜样。可是，在这样一个喧嚣的时代，能做到李老师那样的“冰心一片”吗？又怎么能让学生“如沐春风”呢？

认识李老师这么多年，他从无一个字标榜自己，也无一个字抱怨他人。这篇小文，谨为李老师祝寿！

汪文勇

人生旅途的引路人

在我的学术生涯中，有两个重要的转折点。一是博士毕业，二是第一次独立申请课题。正是由于这两个转折的顺利通过，最终坚定了我选择对许多人而言也许既枯燥又清贫的大学教师作为终身职业的决心。而我之所以能顺利完成这两次转折，李乐民老师的言传身教无疑是最为关键的因素。正是从这个意义上说，他绝不仅仅是我的老师，更是那种能在适当时候以适当方式影响（甚至决定）你人生走向的引路人。

在1999年夏天的某个深夜，我正在为我即将完成的博士毕业论文撰写“致谢”一节。在经过4年心无旁骛的研究工作之后，我第一次有机会认真地思考4年来朝夕相处的导师对我的影响，也第一次意识到这种影响的广泛和深刻。最终写下的当然永远无法完整概括这种影响，但的确大致勾勒出了当时我的真实感情：“本文的选题和研究工作是在我的导师李乐民院士的悉心指导下完成的。李老师渊博的知识、深厚的学养，以及年届七旬仍终年终日努力不辍的工作作风每每令我汗颜，也每每在汗颜之后给予我奋发向上的动力和勇气。我相信，本文的完成无法完全报答李老师多年来的教诲之恩，只希望本文中凝聚的我的一点心血能够给予他些许安慰。”

现在回想起来，我从一个几乎从未接触过任何类型的研究工作的普通学生，成长为一个可以独立从事科研工作，并取得一定成果的青年教师，这里面不知浸透了李老师多少心血。正是他教会了我如何选题，如何查找文献，如何从纷繁的思想中萃取出有价值的结论，如何撰写学术论文，以及——最为重要的——如何实事求是地描述自己的成果。如果说，这一切还只是一个导师应尽的职责的话，那么，他在不经意间给予的教诲远远超出了这种职责，也正是这些小事所折射出来的人格力量对我的人生施加了潜移默化而又不可替代的影响。

记得刚读博士的时候，需要查阅大量文献资料。当时互联网还没有现在这么发达，查阅文献还必须到学校图书馆去。图书馆的外文学术期刊阅览室进门时必须登记姓名。我每次去都发现李老师的姓名在上面，无论我去得多么勤。查阅学术文献是一件枯燥而且耗神的事，即使是我们年轻学生，也只是在不得不去的时候才去，而当时李老师已过了普通人退休的年龄。这种常年不懈地坚守一种单纯的学术兴趣的精神，渐渐使我意识到，即使是在我们这个日渐功利化的时代，也还是有另一种可贵的献身精神存在。无论你怎样评价他所坚守的那种东西，这种坚守本身都不能不令人感动。

我们的办公室在9楼。曾经有一段时间为节约用电，每天晚上电梯不开。我们这些习惯晚上加班的人不得不每天晚饭后都来一次气喘吁吁的“散步”爬上9楼。我们惊奇地发现，已年近七旬的李老师经常晚上也到办公室来加班，或者看书，或者给学生们交代一些课题中的问题，有时甚至只是为了跟哪个学生讨论一个白天没有讨论完的问题。他这么做只有一个原因，那就是他不愿意把当天能够完成的工作留到第二天，无论为此需要付出多大的代价。这不由使我想到，任何一种信念，哪怕是“今日事，今日毕”这样简单的格言，要坚持彻底都绝不是一件简单的事。

我最初开始独立申请课题的时候，许多规矩都不太明白，所以填完了申请表总是要请李老师先看一下。有一次，表格中要求罗列我已经发表的文章。李老师看完了以后，说必须注明每篇文章我是第几作者（尽管表格中没有明确地这样要求）。记得当时他一边翻看着申请书，一边头也不抬地说到（更像是在自言自语）：“这种小地方一定要严谨，不能随便。要是这种地方都不严谨的话，还搞什么科研？”随后就说其他的事了。这句话留给我的印象是如此鲜活，以至当时他的神态我都记得。尽管他并非有意识地提醒，但这却是我第一次真正意识到什么是“严谨”，以及作为一个科学工作者，应该在什么地方、以什么样的标准来要求自己才称得上“严谨”。

这样的小事还有许多，当然不可能一一列举。需要说明的是，李老师对我的影响是一个不间断的、渐进的过程，而这一过程还在持续中。因为身在其中，其性质还难以估量，也难以复述。

我唯一确信的是：在有限的人生经历中，我见识到了一位令人尊敬的真正堪称敬业的科研工作者，而这是我的幸运。

王　晟

献给老师的歌

悠悠的云里有淡淡的诗，
淡淡的诗里有绵绵的喜悦，
绵绵的喜悦里有我轻轻的祝福！
让鲜花的娇艳，伴随才华横溢的李老师。
让如潮的掌声，伴随贡献斐然的李老师。

对学生充满慈爱的李老师，您把心中芬芳带给了我们。
您带给我们的是一株蜡烛，一颗心愿，一份真情，
祝我潇洒的，乐观的，热情的，健康自信的，
充满活力的李老师，生日快乐！
幸福常在！笑口常开！
愿您一年 365 天里，天天快快乐乐，平平安安，健健康康！

朋友是天，朋友是地，
有了朋友可以顶天立地。
朋友是风，朋友是雨，
有了朋友可以呼风唤雨。
李老师，您既是我们的朋友，也却更胜朋友。
学术上，您把我教会。
做人道理上，您让我珍惜友爱。
性格上，您让我戒骄戒躁。

一丝真诚胜过千两黄金，

一丝温暖能抵千里寒霜，
一声问候送来温馨甜蜜。
一生一世的老师，
我用心祝福您身体健康；
快乐长寿！
学术惠恩万世！
桃李遍天下！

山因有了绿色，
才有了生机。
天空因有了白云，
才不会寂寞。
学生因有了李老师，
生命之光才更灿烂。
让一切美好的事物，
化为我的祝福，
永远地陪伴着李老师。

在您生日的这一天，将快乐的祝福音符，
作为礼物送给您，愿您拥有365个美丽的日子，
衷心地祝福您！生日快乐乐乐乐乐乐乐！
都说流星可以有求必应，如果可以我愿意在夜空等待，
等到一颗星星被我感动，为我划过星空带着我的祝福，
祝您天天开心，快乐相随！

王　宇

影响我一生的老师

我的导师李乐民给予我的不仅仅是专业上的知识，更多的是学会了如何做人，如何成为一名优秀的研究人员。每逢佳节，我都会想起远在成都的导师——李乐民。时间如梭，离开学校已七八年，但导师的音容笑貌、谆谆教诲和点点滴滴的往事仍然历历在目。

当我跨入了电子科技大学的通信与信息工程学院的时候，就听师兄们谈及一位令人尊敬的老师：中国工程院院士——李乐民老师，他待人和蔼、治学严谨，是老一辈科学家中的楷模，待学生如同对待自己的孩子一样精心培育与呵护。从那时起，我就憧憬着未来能够从师于李老师。通过 4 年的努力我终于如愿以偿，成为李老师的弟子，在平时的学习生活中，更加真真切切地感受到一位科学家的风采，虽然一些平日的点滴看似不起眼，但却潜移默化地影响着我和师兄弟的成长。

李老师对待学术和科学始终保持着严谨的态度。每当我们完成一篇论文，李老师总是细心地为我们批改，要求我们慎重使用“好算法”来形容自己的算法或者方案，甚至连一个标点符号都要求准确使用。对比当今社会一小部分人的学术造假和利益关系的滥竽充数行为，李老师宣导的严谨治学更加让人敬佩。

李老师对待学生都是那么地关怀备至，这是李老师给我们这些师兄弟留下的深刻印象。在校的时候，因为我家不在成都，一些节假日依然留在学校。至今仍清晰地记得在那个原本全家团圆的中秋节，李老师看到我一个人在教研室看资料，他递给我一盒月饼，接到手中的瞬间，那种感动至今回忆起心中还是暖暖的。毕业后，为了给我的事业起步奠定了良好的开始，李老师百忙之中亲自为我写了推荐信。李老师还非常惦记着我们每个人的事业发展，每次电话中李老师都会关切地询问我今年发表了什么文章专利之类的，分享研究的经验等。一位德高望重的院士，如此的平易近人，实实在在地印证了师如父辈。

……

太多美好的记忆萦绕着我，能够成为李老师的弟子是我一生的财富！

尊敬的李老，在您八十寿辰之际，我有太多太多的话要向您倾诉，千言万语汇成一句话：衷心祝愿您身体健康，福如东海，寿比南山！愿您的学术精神和师德永远鼓舞着海内外莘莘学子为祖国的通信事业努力奋斗！

温海波

会吹口哨的“李爷爷”

我第一次与李老师接触是在10多年前，那时李老师已经进入耳顺之年，但他对待学术和科研仍然是热情饱满，因此李老师给我的印象是态度严谨、一丝不苟。后来我逐渐发现李老师实际上是个谦逊和蔼并具有大家风范的长者，他的一些特殊的小习惯，常常让人忍俊不禁。

有一次我在图书馆门口的报刊栏处看报纸，突然听到对面传来一阵阵抑扬顿挫的口哨声。我走过去一看，竟然是李老师，他一边看报纸，一边还悠然自得地吹着口哨，就像一个蜷在书店里专心看卡通画的孩子一样高兴。他看到我之后，朝我微微一笑，然后继续边看报纸边吹口哨。我想，这就是李老师啊，科研和工作是他觉得最开心的事情。

师兄们告诉我，这是李老师多年的习惯了，高兴起来就吹吹口哨，乐在其中。听到李老师欢快的口哨声，师兄弟们也会觉得特别轻松，受到李老师的感染似乎也能笑对所有遇到的难题。所以李老师的所有学生，不论大小，都亲切地称呼李老师为“李爷爷”。

后来有一天，李老师的口哨声突然变得稀稀疏疏，也没有原来那么响亮了。大家都很担心，这么多年了，大多师兄弟都是听着李老师悠扬的口哨声学习和成长的。我担心李老师的身体状况，赶紧去问问情况，李老师仍然是眯着眼睛笑着说：“没事没事，就是年纪大了，牙掉了。”我们这才放下心来，不过听到现在的口哨声，我们还是觉得心情有些压抑。没过几天，李老师的口哨声又恢复了往日的响亮，似乎比以前更有节奏了！我们一打听，原来李老师换上假牙啦！我们都非常高兴，李爷爷还是和原来一样，吹着口哨、看着文章，也给予我们科研的鼓励与信心。

而在生活上，李老师是个不善言辞的人。我们每次去拜访李老师时，李老师在客套几句后就急忙跑回房间继续钻研学术去了，主要是师母彭老师和我们聊天，她总能三言两语就消除我们的紧张情绪，使我们觉得就像是在自己家里一样。

师母热情开朗、待人和善，给人如沐春风的感觉，但她唯独对李老师“不友善”，每当他们在生活上有点小摩擦时，都是彭老师絮絮叨叨地数落李老师，李老师一言不发，也许心里还在惦记着学术上的事呢。在这时，我心里总是替李老师打抱不平，却又不敢说出来。

随着和李老师和师母的接触越来越深入，我才逐渐意识到，这正是李老师与彭老师多年以来形成的相处之道。李老师在工作上总是全力以赴，沉醉其中，把学术当作生命中最重要的事，而彭老师的角色则是李老师身后那个默默奉献的伟大女人，她需要替李老师处理生活上所有繁杂的事情，她要保证李老师不为日常琐事所打扰。所以李老师取得的成就，不仅来自于李老师的秉烛达旦地辛勤工作，也有彭老师夜以继日地从旁辅助。李老师和彭老师的“小摩擦”实际上是他们两位关系的“润滑剂”啊。

寒来暑往，李老师皓首雄心，仍然战斗在科研的第一线，同时还培养了一批又一批优秀的人才。不久就是李老师的八十大寿了，我对李老师和彭老师这么多年来对我的关怀备至表示由衷的感激，祝李老师和师母身体健康、寿比南山！！！

徐世中

有些人离他越近越景仰

在学问和研究方面，李老师要求很严格。他经常教导我们，学术需要谦虚、严谨和创新的态度。李老师对学术的痴迷、朴实无华、谦逊和严于律己深深影响了我们。记得在读博士期间，我把第一篇博士文章打印给李老师审阅，不到两天李老师就把意见反馈给我。只见论文两边的空白边上密密麻麻地写满李老师的批注，大到从文章结构的修改，小到标点符号。其中，对文中提到“首次研究”这4个字李老师做了特别的加重，仔仔细细地询问我文献的查阅范围以及对业界的研究现状的了解情况；最后建议我在前面加上“据我们了解”这5个字。诸如此类的事情不胜枚举。

李老师对学生非常关心，尤其是农村来的或者家庭贫困的学生。第一次见李老师是我参加成电的研究生复试。当时，李老师坐在原通信大楼9楼的一间小办公室里面试我们。对我的专业方向和基础大概了解后，李老师就问我家是哪儿的，家里有几个人，都是做什么的。当听到我爸妈是农民，李老师就特别关切地问生活费怎么来，家里能负担得起吗？后来，我每年回家李老师总是叮嘱我把来回的车票保存好，从课题经费中报销。这点让同期的其他教研室的同学特别羡慕。但李老师自己很节俭，如果只需要写一句话，他会撕下一条，而不是整张纸。几乎每个学生都收到过李老师的小纸条。小小纸条上写满了李老师对我们的教育和指导。

虞红芳

精神世界的灯塔

作为一个刚刚进入社会不久的年轻人，在这个物欲横流的世界里生活不是一件容易的事情，就如同船儿在充满未知的茫茫大海上航行。我很幸运，我拥有一座精神世界的灯塔，让我在纷纭复杂的世事面前能够时刻明白自己的方向。这座精神世界的灯塔，就是我的导师李乐民院士。

李老师对学生的影响，不是他对我们说了什么，教育了什么，他其实从来都不说我们，也不会专门来教育我们。他只是用他的言行，默默地告诉你应该怎样做。当你看到一个年过七旬的老人，每天9点准时到办公室，随时手上都拿着文献在阅读的时候，你还有什么理由在科研工作中懈怠呢？当他对你论文中的每一个标点符号错误都仔细修正，还为你打印出一份文献清单问你是否都已经仔细阅读过这些相关资料的时候，你还有什么理由不保持足够的认真和细致呢？当你在本科的时候就经常在清晨看见一个老人在双杠上锻炼着身体，你还有什么理由不养成工作之余坚持运动的习惯呢？

李老师执着、严谨的科研精神，影响着他身边一代又一代的年轻人。其实不只是科研精神，李老师淡泊、宁静的生活态度，平易、和蔼的待人之风，都堪称所有人的楷模。李老师的生活是简单的，经常被学生看见拿着一根玉米棒子笑眯眯地从食堂走出来。他对学生的关怀是细致入微的。有一年冬天，某一个晚上，他在家里浏览学校的BBS，看见有同学抱怨寝室里被子太薄，不保暖。他本人没有可以发帖的账号，他就马上打电话到实验室，让他的学生发帖，告诉那些抱怨的同学，“好又多”正在卖新疆棉花做的棉被，很保暖，价格是多少……这件事在当年的BBS上传为美谈。另外一件传为美谈的事就是，李老师在图书馆做了一个学术报告，台下有学生提问。由于没有多的话筒，李老师就走下台来，亲自为那个同学举着他自己的话筒，笑眯眯的，耐心地听那位同学提完问题。整个过程，被形容为“像一个小学生一样认真”，令在场的所有人大为感动……一位大师，能够如此细致地去关心那些跟他素不相识的人，能够用对小学生一般的态度对待每一个向他提问的人，这是一种怎样纯粹的人性的美好！

李老师就是这样一个人，一个拥有着强大人格力量的大师。他不只是做学问的导师，更是做人的导师。他就是一座精神世界的灯塔，不断散发着人性的光辉，永远指引着我们前进。

张　棪

回忆李乐民院士

我是李乐民院士2004级博士生，算起来到现在也有接近8年的时间。2007年博士毕业后，我有幸留在李老师身边工作，成为电子科技大学通信与信息工程学院的教师。8年中我从一名博士生成长为一名副教授，在内心深处非常尊重和感激李老师对我的培养。在李老师八十大寿之际，我将这些年李老师在学习、工作、生活中对我的指导帮助做一个简单的回忆。

我第一次与李老师接触是在2003年年底。当时我参加了学院的硕博连读遴选，希望到李老师这里来读博士。第一次与李老师见面之前，我的心里非常忐忑，见面之后我才发现李老师平易近人，让我非常轻松。李老师详细地询问了我本科阶段和硕士阶段的学习成绩以及我家庭的情况。然后又和我讨论了博士期间的工作方向，他希望我去做交换结构的研究，他觉得这个方向很有前途，容易出成果。现在我才真正体会到，李老师对学生的指导始终都建立在平等友好的基础上。他虽然是院士，却从来不以学术权威自居。李老师总是针对具体的学术问题与学生平等交流，也善于听取学生的想法，鼓励学生积极地探索创新。在教学科研活动中，李老师会为学生指明研究工作的方向，避免学生走弯路或是钻牛角尖；另一方面，李老师又希望学生具有独立思考的能力，并不束缚研究工作的手脚，保持学术研究的自由度。

我至今都记得李老师帮我修改第一篇论文的情形。当时我用电子邮件把我的论文发给李老师。李老师打印出来后详细地读完了整篇论文，并对有疑问的地方进行了标注。令我吃惊的是，这些标注不但包括研究的出发点、相关工作、算法设计、仿真对比，还包括了语法、标点符号、错别字等。对照这些标注，李老师告诉我哪些地方需要加强，哪些地方需要修改，哪些地方可能要舍弃。这篇论文并不长，只有 5 页，李老师却和我讨论了接近 1 个小时。李老师说我在写论文英文摘要时，很多地方都没有加冠词 the 和 a，希望我能进一步提高自己的英文写作水平。这令我非常惭愧，也鞭策我在后来的工作中更加勤奋努力。

李老师给我的另一个深刻印象是，他做事非常严谨细致。李老师写字比较慢，总是一笔一画，工工整整。在工作上，他讲求实事求是。我知道有位同学想出国读博士，需要李老师写一封推荐信。这位同学在草拟的推荐信上讲他的本科成绩是 top 1%。李老师感觉这位同学的成绩应该没有这么突出，觉得还是 top 10% 比较合适。

在 3 年读博期间，李老师经常与我讨论研究工作。他通过查找文献资料、科技计划、学术网站，掌握相关研究领域内最新的成果，指导我及时跟进，调整研究重点，取得真正有价值的研究成果。李老师对于学生的指导，是非常明确具体的，落到实际的科学问题上，而不是空洞的泛泛而谈。李老师的话不多，但总能在点子上，一语中的，指出这个问题的实质。我觉得，李老师能够达到今天这样的境界，与他 60 年来在通信行业的积累是分不开的。李老师在成电做过很多东西，从彩色电视机、空军通信设备、自适应均衡，再到 ATM、光网络，直到现在的下一代互联网。这些事情，李老师都认认真真、踏踏实实去做。成电作为工科院校，李老师对于学生的培养主要包括两个方面，一是扎实的理论基础以及创新研究；二是实际的工程动手能力。只有将这两个方面有机地结合起来，才能真正为国家培养出信息通信领域的有用之才。

博士毕业后，我留在通信学院工作，成为了一名大学教师。作为青年教师，能否申请到科研项目至关重要。我经常将我的项目申请书发给李老师，希望得到他的评价。李老师通常只在大的方向上给出原则性的意见，而把更多的问题留待我们自己考虑。我想这是李老师希望我们具有独立的学术思想，真正从自身出发提高科研能力。在平时工作中，我也协助李老师指导硕士研究生。我发现李老师对于所有学生都一视同仁。他对学生以鼓励为主；基本不批评学生，有时也会委婉地提出他的意见。大家都说，如果李老师批评你了，只能说明你真的存在较大的问题需要改正。

在生活中，李老师是一个很平淡的人。他衣着简单，以舒适为主。夏天的时候他经常穿着短裤和凉鞋，他穿凉鞋时也会穿袜子。李老师走路比较慢，也许是在思考工作上的问题。我们经常看到他到食堂去买一些馒头小菜之类的食品。在生活中，李老师给人最大的印象是低调，尽量不去麻烦他人。自从学院搬到新校区之后，他年龄大了还在老校区上班，有时也需要过去指导学生。他经常乘校车去，很少调学校的专车。今年 1 月，学院组织去云南腾冲旅游，李老师和彭老师都参加了这次旅游。这次旅游跋山涉水、起早贪黑，非常辛苦。我发现李老师夫妇非常遵守团队规定的时间，从不迟到。我记得旅游最后一个景点是瑞丽的扎果自然保护区，由于时间比较紧，导游只给大家 1 个半小时游完 2 千米的崎岖山路。李老师夫妇也和大家一样，按时完成了线路上所有的景点。我当时想，我在这个年龄能有他们这样的身体就很好了。

李老师的年龄与我外公外婆相当。作为晚辈，他们这一辈人的思想和行为我未必能完全理解。在我心目中，对于工作，李老师持之以恒，几十年如一日勤勉探索；对于生活，李老师尽量保持低调，平凡而朴实；对于学生，李老师平等关爱，甘为人梯，为他们事业的发展创造良好的环境与平台。李老师是一个平静的人。我印象中他从不讲大话空话，而是安安静静地做着自己的事情。

在李老师八十大寿之际，我将我脑海中的李乐民院士记录下来，供大家了解参考。在这里我谨祝李老师和彭老师身体健康、生活幸福、万事如意！最后我想说的是以李老师为代表的老一代成电人，踏实做事、谦虚待人。正是他们几十年来的不懈努力，才能在我国信息通信领域做出优异的成绩，为学校在行业内树立良好的口碑。这种低调务实的成电精神在新的时代背景下更应该被继承，并且发扬光大，鼓励成电通信人不断克服困难，夺取新的胜利！

章小宁

大 爱 无 声

一晃在西安已经工作4年了，博士毕业离开成都也4年了，期间只回过成都一趟，也仅仅是在席间和李老师匆匆见了一面。已经是2011年了，李老师八十大寿来临之际，不禁想起了读书时候李老师对我们的关爱。

自2003年从外校考入电子科技大学成为李老师的一名博士生，我在学校待了整整4个年头。当时李老师已经70多岁了，一入校就听其他同学说李老师非常关心学生。记得刚开学不久，不少新生都在购买必要的生活用品，有人就在学校BBS上发帖询问哪里能够买到好一些的棉被。当天晚上快10点钟的时候，这时教研室的电话响了，李老师给教研室的研究生打电话说，他看到了买棉被这个帖子，但由于自己没有学校BBS账号不能回帖，因此请研究生帮忙回复，告诉这位同学距离学校不远的“好又多”超市就有，以新疆棉被为质量最好且价格便宜。在百忙的工作之中，还能关心一个素未谋面同学的棉被问题，足以见得李老师的关心和慈爱。

2005年4月的一天晚上，由于校内的建筑工地将下水道的挡板压坏，并且没有给出任何警示信息，我在校园里骑自行车的时候不慎连人带车跌倒，结果是门牙摔断一颗。第二天李老师在获悉此事后，不仅去医院看我了解受伤情况，还跟建筑工地和学校的有关部门进行交涉，亲自去查看现场，确定事故的负责方，落实医疗方案和相关赔偿问题。这件事让我更深刻地体会了李老师的关爱，70多岁的老人还要为我的事情操心奔走，真的让我非常感动，李老师的仁爱宽厚已经深深地印在我的心里。

2005年的秋天，我已经进入了博士三年级的学习生活了，由于我硕士阶段所学不是通信专业，在学业方面的进展慢一些，我的心里也非常着急。在李老师悉心启发和指导下，经过三个月的努力我终于整理好研究思路，找到研究创新点，并进行了试验和仿真，取得了一定的进展。在后面的撰写论文阶段，由于我是第一次写英文文章，李老师更是帮我字字斟酌、句句修改，还经常翻着字典跟我解释哪个单词用在这句话里面更合适，整篇文章前后修改了10余遍，最终这篇论文得以顺利发表。李老师这种诲人不倦、治学严谨的精神一直激励和鞭策着我，在学习和工作中严格要求自己。

工作以后跟李老师见面的机会少了，主要是用电子邮件方式联系，面临困难时候还时常能够得到李老师的无私帮助和指导。李老师，在您八十大寿来临之际，我祝福您身体健康、长命百岁，万事如意、晚年幸福。

赵太飞

有感于导师的质朴情怀

前几日师弟廖丹打电话告知，再过几个月就是导师李乐民院士的八十寿辰，希望我们这些弟子还是为导师的生日写点东西。放下电话后，我犯愁了，本来写文章就是一件挺让我发怵的事情，现在要写的对象又是敬爱的导师，我就更不知道应该如何落笔了。导师在学术上的造诣让人高山仰止：20 世纪 80 年代初就在 IEEE 通信汇刊发表高水平的论文，为国家的通信事业做出了杰出的贡献，1997 年当选为中国工程院院士等光荣事迹都是极好的例证，不必我多言。我有幸忝列其门下并多年聆听教诲，导师的言传身教，确切地说，应该是身教多于言传，让我有颇多的感慨，尤其是有感于导师的那一份质朴情怀——做学术的勤奋、对待工作的认真以及为人的谦和。

导师的天分很高，弱冠之年即从国内一流的上海交通大学电讯专业毕业并留校任教，但我想奠定导师今日成就的因素更多还是源于他数十年如一日坚持做学术的勤奋。尽管我离开电子科技大学快两年了，但我脑海里还是会清晰地浮现出那往昔常常看到的场景：不出差的每个工作日，无论刮风下雨，年近耄耋之年但步伐稳健、精神矍铄的导师都会踏过东苑桥、走过校园里静谧的林荫道，准时地出现在自己的办公室，开始一天的工作：或者查阅学术论文跟踪学科前沿；或者审阅学生论文并及时反馈意见。在导师门下读博的那些年月，每当看着导师比自己来得还早但走得更晚的时候，我就感到无比汗颜，尤其是在研究课题没有进展的时候，感觉最需要做的事情就是反省自己的懒惰与懈怠。

导师对待工作非常认真。每次我们交给导师的论文，他都会逐字逐句地进行审阅，不仅会对论文中的科研工作如何开展给予具体指导，还会推敲如何遣词造句、如何组织文章结构以更好地呈现科研成果。每次看着论文的空白处被导师写满的批注就无比感动。还记得一位师兄由于博士毕业论文的提交时间迫在眉睫，留给导师审阅论文的时间所剩无几。尽管之前导师已就其论文应该怎样组织有过具体的建议，但导师还是一字不落地仔细审阅了全文，并翻阅着厚厚的英汉字典，细心规范了英文摘要的表述。而在研究生选择科研方向的时候，导师总是尽可能地尊重学生的选择，并手把手地教导学生如何在网上查找相关的资料；一旦选定方向之后，就始终如一地鼓励研究生们大胆创新、小心求证，并为研究生们营造了相当宽松自由的学术氛围。行胜于言，更多的时候导师不是直接要求我们如何认真地对待工作，而是通过自己的实际行动来影响、感化我们。

无论是在生活中待人接物的细节上，还是对学生的科研指导上，导师都无比地谦和，从来不觉得院士就高人一等。导师对于学生的关爱在整个电子科技大学都是出了名的，还记得某个晚上他在家中浏览学校的BBS，看到有同学发帖询问学校附近哪里可以买到性价比高的棉被时，由于没有账号无法亲自回复，导师为此专门打电话到实验室叫研究生尽快上网回帖告知。让我印象最深的就是每次给研究生发放科研补贴需要本人签字的时候，导师总是很客气地对我们说：“小×，请你帮我签个字。”而导师的每封邮件总是让人无法淡然，因为导师对于我们这些后辈学生的称谓始终用的是“您”而非“你”。对于已经毕业的学生，为了让他们在工作上走得更加顺畅，导师同样会一如既往地给予支持。记得我刚到目前所在的学校时，学院申请省级示范实验室需要相关专家的推荐，而成功申报该实验室对于我所从事学科的未来发展相当重要，为此，我向导师寻求支持。导师在仔细看过我们的申报材料后，欣然同意推荐。而当我看着导师一笔一画工工整整地写了好大一页的推荐信时，更多的敬意油然而生。

如今，我也成为一名光荣的大学教师，尽管在专业上我远远不可能达到导师的那个高度，但我想，从导师身上所感受到的那一份质朴情怀——做学术的勤奋、对待工作的认真以及为人的谦和同样值得我终生学习。

在此，我谨向导师李乐民院士道上一声最为诚挚的祝福：愿恩师健康长寿！

周朝荣

回忆我的博士生导师

——李乐民院士

时光飞逝，转眼离开学校已经多年了。记忆中的光纤实验室，记忆中的我的导师，仍然是那么清晰和真切。脑海中的一些点点滴滴小事，回忆起来总是那么真实和温暖。总是在不经意间浮现在脑海中，并不需要时刻想起，但是永远也不会忘记。

平易近人，是我对李老师的最初印象。博士生入学有个面试，老师的亲切笑容，声音洪亮而沉稳，一开始略微紧张的我，渐渐地完全投入到了技术问题的交流中了，使我几乎忘了这还是一次考试。老师话并不多，很少有长篇大论的讲述，总是言简意赅，让我们自己去思考和体会。更多的时候是在行动上教给我们该怎么做人，怎么做学问，正所谓言传身教。

老师给我最深的印象是老师对研究工作的热爱和投入。虽然已经过了花甲之年，他仍然活跃在最新科学技术研究领域的前沿，始终对新事物、新的学术动态充满了好奇心和探索的渴望。老骥伏枥、孜孜不倦是对老师工作的最生动地写照。记得那时候，查阅科技文献资料需要跑到学校图书馆四楼的外文资料室查阅，在那里经常能看到老师查阅、复印论文的身影。老师是真正的做学问者，他用自己的行动告诉我们，所谓做学问应无功利之心，应有持之以恒之心。

李老师总是爱护和关怀学生，为学生考虑。那时，学校食堂用餐是需要饭卡的。老师总是隔一段时间给我们的饭卡上充钱，我记得自己饭卡上永远有足够的钱吃食堂的小灶。老师总是精力充沛。当时我们实验室还是在9楼，电梯偶尔罢工，老师就跟我们一样直接走楼梯上 9 楼，我们这些年轻小伙要勉力才能跟上老师的步伐。海纳百川，有容乃大；壁立千仞，无欲则刚。谢谢你，我的恩师，您带给我的教诲我一直铭刻在心。希望自己在今后工作中能做出更好的成绩来回报师恩。

朱旭东

我印象中的李老师

2007 年秋季，我有幸成为了李乐民院士的博士生，那一年他 75 岁。第一次与他见面时，我发现这是一位精神矍铄而又和蔼可亲的老人，他首先关心我们的宿舍是否安顿好，而后又给我们介绍实验室的学习和工作情况。亲切的交流立刻扫除了他和我们几个博士生之间的陌生感，难怪师兄弟们背后都爱称他为李爷爷："李爷爷通知我们开会了""刚跟李爷爷讨论了一下这个算法"……

在正式开始博士生的学习之前，我曾一直认为，一位院士是不会花太多的时间和精力去指导每一个学生的，顶多指派一两名师兄指导一下，平时可能都很难见上一面。然而，接下来的学习和生活经历告诉我，李老师与我们的距离总是那么地"近"，而这个"近"已不再是空间上的概念。

李老师是一个和蔼的人，也是一个非常严谨的人。如果你需要找他，在工作时间去他的办公室，准能找到；如果跟他请教学术问题，他总是能给予你耐心的指导，甚至给你列出最新的参考文献；如果你给他发电子邮件，那么你一定会收到他详细的回复，即使是在他出差的旅途中；如果你跟他约定了见面时间和地点，那么你一定不会迟到，因为你不会忍心让这样一位值得尊敬的老人去等你。

李老师是一个作息规律很好的人，然而我却无意间扰乱过他的这个规律。那是在一个冬季，当时我在重庆，李老师在成都，我的一篇稿子正在赶着定稿，其中有一个细节需要确定。我下午给李老师发了电子邮件，通常我会在下午 5 点前收到他的回信，但那天的回信是在晚上 8 点半。原来，李老师当天参加了一整天会议，刚才回到家。当晚，关于稿子中的那个问题，我们通过电子邮件反复交流和讨论着，不知不觉一直到午夜，这一天我永远不会忘记。

这就是我尊敬的李老师，师兄弟们热爱的李爷爷。

鲍宁海

无微不至的爱

在研究生入学面试上我第一次见到这位和蔼可亲的老师，他只轻声细语地问了我两个关于英语六级的问题，后来才知道他就是李乐民院士，再后来居然有幸成为他的学生。这里罗列与李老师接触的部分细节：

对学术的严谨态度：年近80岁的李老师仍保持正常的工作时间，每天坚持科研，阅读大量的文献，写文章。

对学生学习上的关心：每次发邮件给李老师，他总会在第一时间回复邮件，甚至亲自打电话解答相关问题。

李老师每次到清水河校区更是不能闲着，找学生谈话，了解学生的近况，探讨下一步研究方向，推荐相关文献等。

李老师对论文要求和修改都很严格。记得，我写的一篇综述发给李老师后，他不断提出修改意见，甚至有时候亲自修改。

对学生生活上的关心：夏天空调开得大，李老师甚至会亲自提醒靠近空调的同学多穿点儿衣服，小心感冒。

李老师曾经问起我：你们现在住宿条件怎么样；补助够不够用；由于博士生宿舍没有专门提供开水的地方，他甚至连这样的小事都会提到。

李老师也总会担心博士毕业后，对于个人问题不好解决，李老师总会对我们反复提到此事。

我们大家私下都亲切地叫他“李爷爷”，因为他的个人修养令我们钦佩，生活的俭朴值得我们尊重，而对我们生活和学习上的关心让我们感觉到温暖。

段 洁

高山仰止

2009年，我有幸成为李乐民老师的博士研究生，在这近两年的学习和科研中，使我对李老师有了更多的接触和更深的了解，并深深地为自己求学生涯中能够遇到这样一位德高望重、学识渊博、令人敬仰的人生导师而感到无比荣耀、无限欣慰。

李老师为人低调谦逊，没有霸气和架子。他在与学生的沟通和交流时，总是态度和蔼、语气随和，让人倍感亲切，没有丝毫的约束和拘谨。而且，李老师总是设身处地地为学生着想，经常关心和询问学生们住宿、饮食等生活方面的情况，及时帮助困难学生解决问题。尤其是当我们需要找他办事的时候，他总是会说："我来清水河校区找你们吧，省得你们在路上来回跑，耽搁太多时间，会影响科研的。"而每次当我们看到他那熟悉的身影如约而至时，不由得心生敬佩。

李老师治学严谨认真，从不懈怠和纵容。李老师年事已高，但他在学术上对我们的指导却仍旧是严格的、认真的。无论是毕业论文的题目选拟、框架设计、结构梳理、数据分析还是内容论证，他都亲历亲为、耳提面命，给出非常详细的批注和令人信服的修改意见。特别值得一提的是，李老师从不因为自己的学术声望而干涉学生学术论文的发表。记得在前不久召开的一次国际会议前夕，由于李老师是这次国际会议的主席，他特别叮嘱我们在所提交的论文中不要提及他的名字。他说："我们应当尊重审稿人的意见，不要因为我而影响论文的审稿，你们要公平公正地参加这次会议。"

可以说，作为一名科研者他的业绩享誉海内外；作为一名教育者他的弟子桃李满天下。李老师用自己的言传身教继续谱写着华美的篇章和非凡的人生。

最后，在喜迎李老师八十岁华诞之际，作为学生诚挚地敬祝李老师健康、长寿。

孙　罡

做学问要诚实

虽然我是一名在电子科技大学脱产一年学习的在职博士生，但我在这短短的一年多时间里，在跟李老师的接触中，一件件感人的事情让我终生难忘，并从中受益匪浅。

记得第一次跟李老师见面，是2009年4月19日的中午。当天下午即将进行博士生面试，我提前半个小时去看看面试的地点在哪里，刚好在办公室门口遇到李老师。李老师第一次看见我，面带微笑温和地问我：你是来面试的吧？我“嗯”了一声。然后李老师把我叫进他办公室，很随便地跟我聊起天来，详细询问我的学习、生活等情况。当时，我最大的一个感觉就是，像李老师这样一位院士级专家，一点架子都没有，那么和蔼可亲。

另外，还记得博士生一年级时，完成了一篇论文初稿。投稿前，我想请李老师帮忙指导一下。原想李老师平常肯定很忙，估计得起码一个星期才会返回论文的指导意见。没想到，就在我把论文通过邮箱发给李老师的第二天下午，就接到李老师亲自打来的电话。他在电话里详细地给我指出了论文中不足之处，并细心地指导我怎么样修改。还记得当我接到李老师的这个电话时，我心里真是说不出的感动。李老师不仅这样平易近人，而且十分重视和关爱学生的学业。

此外，在以后的学术研究指导中，李老师每次都告诫我，做学术研究，是实实在在的，来不得半点虚假，丝毫不能马虎。记得有一篇论文，有好几个标点符号标记错误了，这个都被李老师发现并让我纠正了。可见，李老师治学是多么地严谨。

因为在高校工作的关系，我跟老一辈学者的接触较多，但像李老师这样平易近人、关爱学生、治学严谨的学者，我觉得确实非常少见。

张石清

学习也是一种幸运

第一次见到李老师是2007年在重庆邮电大学的一个讲座上。当时还在犹豫报考哪一位导师研究生的我慕名前去参加讲座，讲座的内容是未来互联网结构。相比讲座的内容，更让我觉得惊讶的是在场的许多老师竟然都是李老师的学生，同时，李老师在讲座中的认真讲解和讲座后面对各种提问的和蔼态度也给我留下了深刻的印象。当时我不禁想：这么多老师都是李老师的学生，如果我有机会能成为其中一员的话，那自然也不会太差，况且如此和蔼的一位老师对学生应该也不会差。于是，我下定决心报考李老师研究生，并给李老师发邮件希望得到一些相关信息，虽然我当时认为李老师应该不会回我的邮件。但是，更让我惊讶的是李老师居然回复了我的邮件，并让我先通过初试再考虑其他，而且之后我给李老师发的邮件，李老师总是每封必回，让我在考研的枯燥复习中时常感动。

在通过初试，参加复试之前，我第一次有机会与李老师当面交谈。作为一位院士，李老师能抽出时间和一个从未见过面的学生交谈，我想如沐春风是唯一能形容我当时感受的词了。再后来，我有幸成为李老师的学生，才知道李老师平时对人本是如此，几乎每个通信学院的学生都知道李老师是一位和蔼、友善，处处替学生着想的老师。

不仅在生活和做人上李老师为我们做出了表率，在学术上，李老师的认真和耐心也是我们学习的榜样。研二的某一天，为了我们的开题报告，李老师拿着一大沓论文来到清水河。在了解了我们的大概情况之后，李老师拿出那一大沓论文一篇一篇地给我们讲解论文上的哪些地方值得参考，而且论文上的标注只有寥寥几笔，让我相当佩服李老师的记忆和理解能力，同时也让我觉得如果不认真做，真是对不起李老师的辛苦。

关于李老师，每个学生可能都有不同的话想说，我只想说一句：很幸运，能遇上一个如此好的老师。

罗　坤

杯水杯情万花繁

在李老师门下读书已将近两年，虽然见他的机会不是很多，但他在科研方面严谨诚实，紧跟新技术的发展；在生活方面朴素健康，关心学生的成长，无一不给我留下深刻的印象。

记得第一次见李老师是报他的硕士研究生过来复试，带着对院士的尊敬，带着担心被否决的忐忑，我敲开了他办公室的门。李老师和蔼地出乎我的意料，第一句竟是问我从那么远的地方赶来复试是不是很累，让满脑子装着专业基础问题全力备战的我，一下子放松了。紧接着他向我介绍了学院各个团队的研究方向，问了我的兴趣爱好和以后的工作意向，让我一定选个自己喜欢的方向来继续学习，这让我又一次意外。一个老师该多么为学生着想，才会不仅为学生在学业上的发展负责，还为学生以后的生活和事业打算啊！这也让我理解到，院士之所以为院士，不仅仅是因为他知识广博，科研先进，更重要的是他这种为人师表、育人为本的态度。

李老师的办公室里有个大书柜，里面整整齐齐摆满了书，他的办公桌上也摆满了专业书籍和各种各样的会议期刊等。

我们在新校区，见李老师的机会不多，但是经常从其他老师和师兄那里听到关于李老师的传说。听师兄说，李老师德高望重，待人又非常和蔼，在学校上至老师，下至学生，人人尊称一句“李爷爷”。

曾听一个老师说，当年他们读李爷爷研究生的时候，每天一大早去图书馆查资料，可在登记簿上签字的时候，总发现顶端赫然写着李爷爷的名字。而且李爷爷一直保持着“今日事，今日毕”的习惯，每天都很晚才下班。直到现在，偶尔也会收到李爷爷在凌晨回的邮件。还听说，当年李爷爷给学生上课时多么地热情洋溢，生动有趣，以至于教室后面和门外，都站满了人。还听说，李爷爷从来不乘电梯，一直坚持走楼梯，看到他们也会叫他们多走路，多运动，注意锻炼身体。

我有个学弟，曾经想在电子科技大学的学报上发表论文，请李爷爷审稿，虽然最终没有通过，李爷爷却记住了这个学弟，每次见到我都问这个师弟的情况。如此地工作繁忙，却为一个素不相识的学生操心，让我和学弟都深深感动。我们第一次集体去拜访李爷爷，他担心我们找不到乘车的地点，竟把我们送到了车站。

就是这样，李爷爷用他的行动教导着我们，像一面镜子，折射出我们的不足，让我们在懈怠的时候自勉，时时向上。

简单的一句“老师，生日快乐”，并不算什么，可是它却代表我所有的问候和祝愿。虽然不能时刻聆听您的教诲，但您的精神时刻影响着我们。无论“杯水杯情万花繁”，还是“蜡炬成灰泪始干”都不足以来形容您的情怀和职业，三尺讲台，两袖清风，托起的却是桃李芬芳。祝您健康长寿！

李玮婷

深巷飘香

秀美的四川盆地，富饶的天府之国。茶，戏，阁楼，静静沙河水。

这座悠闲的城市迎来了喧闹的傍晚，轻松的嬉笑声，沸腾的火锅，闪烁的霓虹灯。幽静的成电校园中，一位精神矍铄的老人轻轻地放下手中的工作。不一会儿，一个略显苍老但神采奕奕的身影穿过校园的食堂，手里拎着装了馒头的袋子，抬手看了看腕上老手表。“哦，新闻联播要开始了。”老人微微加快了步伐。

也许，这就是我脑海中对李乐民院士的第一印象吧，那年我大二，浑浑噩噩地在球场上和电脑前挥霍着青春，未来？好吧，也许不是问号，省略号也可以。

后来的后来，我有幸成为了李乐民院士的学生，也如同每一名李老师的学生一样，体会到了老师无微不至的关怀，从那时起，脑海中的未来渐渐清晰。随风潜入夜，润物细无声。李老师用自己点点滴滴的行动，向我们诠释了“为人师表，教书育人”这八个字的精髓所在。不知道什么时候，“李爷爷”这个称号开始在我们当中流传起来，是啊，谦虚淡然，平和亲切的李老师更像是一个和蔼的长者，总是叮嘱着，关心着，呵护着他所有的学生。

当时间的笔在李爷爷的生活中写下80岁这浓重的一笔的那一刻，他的学生早已遍布世界各地。桃李满天下，花香遍人间，李爷爷依旧保持着那份谦和与从容，仿佛所有耀眼的光环，杰出的成果，都不能让他有一点点的动容。但是每次面对自己的学生，他总是会用温暖的笑容，送来细心的关怀。

记得当时第一次收到李爷爷的邮件：小张，您好……一句问候让我瞬间变得诚惶诚恐，不知道应该如何回复。转眼间两年过去了，每次和李爷爷的邮件交流依旧能看到那句熟悉的：小张，您好。已然没有当时的惶恐，多的是一份深深的敬重，简简单单的一个“您”字，让我深深地体会到了李爷爷对于任何人的尊重，严肃谨慎的技术语言，让我清晰地感觉到了这位顶着无数学术界耀眼光环的老人对科学的尊敬。

第一次和李爷爷的面对面交流让我记忆犹新，开始的我茫然地接受着李爷爷的询问：家是哪里的，家里几口人，喜欢什么样的工作，钟情哪一座城市，爸爸妈妈做什么工作……一头雾水的我木然地回答着这些问题，找不到边际。当李爷爷认真地记录了所有的信息之后，合上本子对我讲：我觉得，你这种情况，适合在未来的三年中这样做……恍然大悟，随之而来的是满满溢出的感动，严谨的李爷爷让我看到了他的另一面：细心，温和，真诚地为他的每一个学生考虑，他不会严厉地驳斥你年少轻狂的想法，而是会语重心长地提出他的意见，为你指明前程。

55 年如一日的为成电奉献，李爷爷见证了成电一步一步地发展，为之呕心沥血。作为一个成电人的我，深深地庆幸能有这个机会师从于李乐民院士，去近距离体会一个学术巨擘的严谨，执着与淡然。虽然只有短短的三年时间，但一日为师，终身为父，足矣，足矣。

今天，当一个又一个的 IT 精英、行业领袖从祖国的西南部走向世界舞台的时候，请不要忘记，在电子科技大学静谧的校园中，有个从容的老爷子，依然在静静地认真地培养着下一代的行业佼佼者。

正如好酒，深巷飘香。

张胜远

得师如此　夫复何求

时光荏苒，有如白驹过隙。眨眼间，研究生的生活已经过去了两年。回想与李爷爷相处的种种往事，深感人生若得师如此，夫复何求。

2008 年 9 月，当时我是外校保研的学生。不过，当时我并没有把李老师作为我的唯一导师选择，就如大部分外校保研的同学那样，并没有把鸡蛋放在同一个篮子里头。但是，最后我还是选择了李老师，那是因为李老师回复我的邮件。李老师在邮件里详细说了科研团队的情况，还给我分析了一下如果选择电子科技大学，我将会遇到哪些学习上的问题和生活上的问题等等。而到今天为止，除了李老师，我还没遇到过一个老师像李老师那样如此关心一个素未谋面的学生，就是这样一封邮件把我给震撼了，让我愿意成为李老师的学生。

2008 年 10 月，我来到了电子科技大学，终于见到了我的导师——李乐民老师。正如我的想象，李老师和蔼可亲，谈话的时候让人如沐春风。跟李老师的初次见面，让我受益匪浅，权衡利弊，坚定了我继续深造的信念。

2009 年 9 月，我终于成为电子科技大学的学生。这时候，从同学和其他老师的口中，我再次认识了李老师。李老师和蔼可亲，让我们大家都愿意喊他一声李爷爷。其中让我触动最深的事情是，因为李爷爷年纪大了，不适合经常在本部沙河校区和清水河校区来回奔波，所以李爷爷的办公室设立在沙河校区，但是，每次要跟李爷爷见面的时候，李爷爷总说他要来清水河校区。他说，他来清水河校区，就只要他一个人过来就可以了，而我们要去沙河校区找他就要我们几个人过去，这样我们很不方便。

每次遇到李爷爷，李爷爷都会详细地问我们最近的科研情况，关心我们的生活，总是嘱咐我们要注意身心健康。

点点滴滴的关心，让我们感动不已。

李乐民，为通信学术服务的一方泰斗，他孜孜不倦的科研精神，更是我们心中的一颗启明星。

李老师，终生诲人不倦的贤师，他一生都在为学生传道授业解惑，更是我们心中的一盏明灯。

李爷爷，关爱众多小辈的慈祥长辈，他关心每一个学生，无论是认识的，还是素未谋面的，更是我们心中的一缕春风。

得师如此，夫复何求。

谭淑芳

院士风范 一览无余

李乐民老师给我很大的帮助，从大四开始至今都是如此。

大四的时候需要完成毕业设计，当时的我非常地迷茫，由于自己专业知识太过缺少的关系毕业设计题目一直无从得出。也不好意思去麻烦李老师，当时心里想李老师年纪大了，而且总是很忙，一个小本的毕业设计的开题都让院士爷爷帮着做实在不好。时间一天天地过去，突然有一天李老师给我打来了电话，李老师总是抓住实质，简单扼要，长话短说：小张，你的毕业设计题目确定了没有呢，如果没有的话，我帮你找到了一个题目，相关的参考文献都发到了你的邮箱里面了，你可以看看。当时我是又惊又喜，在道谢过后李老师一贯性地得知我没有什么事情后说声再见挂断电话。我连忙打开邮箱看到老师的 E－mail 以及参考文献。在几天后，李老师在这边有个成电讲坛，会后约我出来还给了我那个参考文献的纸质版本，并且利用会后与校车之间的时间间隔将其中的难点重点告诉了我，而且叫我多联系他，不管是去办公室找他或者发 E－mail 给他都可以。从这一段的接触，我明白了为人师表，明白了兢兢业业，李老师在百忙之中也不忘为学生解决学习上遇到的问题让我十分感动与崇敬，更多了一份亲切感。

从此每周我都会去办公室向李老师汇报本周毕业论文进展状况及遇到的问题，他也会交给我新的任务。在其间李老师的严谨逻辑以及渊博学识让我震惊。当时有一段公式的证明在论文中没有详细给出，我下来想了很久都没有找到解决的方法，于是找到李老师，老师拿出一张空白的演草纸开始从已知条件往结果推演，其间用到的一些我不懂的公式，也总是细心地跟我讲解，然后告知在哪些课本中可以找到公式的证明。虽然李老师的讲解总是由浅入深，循序渐进，其间能不用专业术语就不用，来适应我这个初学者，总之，复杂的问题总是化繁为简，化整为零，各个击破，迎刃而解。严谨的推理，平实的语言，大家风范一览无遗，真不敢相信是将至耄耋的老人。

到了研究生期间，研究生是在清水河这边，而李老师是在沙河办公，尽管如此李老师也常常会到清水河这边来询问大家现在的学习情况，在交谈的过程中李老师总是能抓住研究方向的核心问题，以及会遇到的困难，并提出解决问题方法的意见和建议，大家都对老师的博学多才，理解问题的深刻程度佩服不已。每次当我们想去沙河李老师办公室请教问题的时候，老师总是说：你们这么多人过来不如我自己来清水河，李老师对学生的体贴之情一览无余。

时至李老师八十大寿，祝愿李老师健康长寿，为祖国培养更多的栋梁之才。

张　弛

李乐民院士大事记

1932 年 5 月 28 日，出生于浙江省吴兴县南浔镇（现湖州市南浔区）。

1938 年 9 月—1943 年 7 月，上海位育小学读小学。

1943 年 9 月—1946 年 7 月，上海正养中学读初中。

1946 年 9 月—1949 年 7 月，苏州东吴大学附属中学读高中。

1949 年 10 月—1952 年 7 月，上海交通大学读大学，并提前一年毕业。

1952 年 5 月 13 日，加入中国新民主主义青年团。

1952 年 9 月—1956 年 8 月，上海交通大学电讯系助教。

1954 年 12 月—1955 年 8 月，天津大学电讯系进修。

1955 年 9 月—1956 年 8 月，北京邮电学院进修。

1956 年，参加中国通信学会、中国电子学会。

1956 年 9 月，到成都电讯工程学院工作。

1957 年 8 月 9 日，与彭水贞结为夫妇。

1957 年，被评为讲师，《发送电平预先倾斜在多路电话系统的运用》在《电信科学》1957 年第 2 期发表。

1959 年，被评为成都电讯工程学院科学研究二等优秀工作者。

1961 年，《脉冲多路通信讲义》由成都电讯工程学院印刷所印刷。

1962 年，《脉冲式自动相位微调系统的稳定性》在《成电学报》发表（1962. 3）。

1977 年，被评为学大庆先进工作（生产）者。

1978 年，被评为成都市先进科技工作者。

1979年，被评为副教授，编《通信原理》教材（25万字）。

1979—1980年，主审《通信系统》（30万字），国防工业出版社出版。

1980年9月—1983年2月，任无线技术系102教研室副主任。

1980年3月，《数字传输设备中的均衡器》，人民邮电出版社出版。

1980年8月—1982年8月，去美国加利福尼亚大学圣迭戈分校做访问学者。

1983年2月—1984年2月，任102教研室主任。

1983年，被评为成都电讯工程学院先进工作者。

1984—1985年，获成都电讯工程学院优秀工作者一等奖。

1984年，获电子工业部科技成果奖二等奖，参与编写《数字通信原理》（3.5万字）。

1985年，获电子工业部科技成果奖一等奖，被评为成都市先进教师、电子工业部优秀教师。

1985—1994年，任信息系统研究所所长。

1986年，获电子工业部科技进步奖二等奖，被评为教授、博士生导师，被评为国家级有突出贡献的中青年专家。

1986年8月，《数字通信传输系统》，人民邮电出版社出版。

1987年3月，参加第六届全国人大五次会议。

1988—1992年，当选第七届全国人大代表。

1989年，被评为四川省劳动模范、全国先进工作者，获机械电子工业部科技进步奖二等奖1项、三等奖2项。

1990年，获四川省科技进步奖二等奖。

1990—1994年，任宽带光纤传输与通信系统技术国家重点实验室主任。

1991年，获国务院政府特殊津贴、国家自然科学奖四等奖。

1992年，获机械电子工业部科技进步奖一等奖、机械电子工业部科技进步奖二等奖，光华科技基金二等奖。

1993 年，获四川省科技进步奖二等奖。

1993—1997 年，当选第八届全国人大代表。

1995 年，获四川省科技进步奖三等奖。

1996 年，获电子工业部科技进步奖二等奖、三等奖。

1997 年，当选中国工程院院士，获电子工业部科技进步奖二等奖、三等奖。

1998 年，获信息产业部科技进步奖二等奖。

1998—2002 年，当选第九届全国人大代表。

2001 年，获信息产业部科技进步奖三等奖。

2003—2007 年，当选第十届全国人大代表。

2011 年，获 2011 年度上海交通大学杰出校友“卓越成就奖”。

后 记

58年前，李乐民从繁华的大上海来到祖国大西南的成都，就再也没有离开过成都。几十年来，他默默坚守在电子科技大学，为我国通信事业发展培养了一批又一批高层次人次，也为我国通信科学技术的发展做出了重要贡献。我一直想探寻是一种什么样的力量，让他这样无怨无悔，像一头埋头苦干的老黄牛，耕耘至今。

老先生目睹了金瓯残缺，经历了颠沛流离，饱受了日寇欺辱……直到新中国成立，东方巨人才站立了起来，整个民族才开始扬眉吐气。只有经历了这种大历史、大时代的人，才能真切感觉到什么是有国才有家、什么是当家做主。

旧社会的那段经历，是痛苦、灾难，也是财富，给了李乐民奋勇前行的动力。无论是北上跟随苏联专家学习，还是从繁华的大上海西迁到成都，他都始终听从党和国家的安排。正如老先生女儿说的，工作对他来说就是享受。他将全部的精力和时间都投入到了挚爱的事业中去了，“我是在新中国的培养下成长起来的，工作做不好会对不起国家”。

他常说教师的第一任务是培养学生、教出有用的人才，几十年来他培养的硕士和博士就有200余名，许多成为行业风云人物，不愧是堪称师者模范的杰出教育工作者；他始终奋战在我国通信科技最前沿，为我国诸多重大工程研制出关键通信设备，取得了具有世界水平的科研成果，不愧是坚持真理开拓创新的一流科学家；他虽然身居象牙塔内，但是“家事国事天下事，事事关心”，在21年的全国人大代表生涯中深入群众听民声，建言献策咨国是，不愧是尽职尽责的优秀人大代表。

我是一个参加工作时间不及老先生十分之一的晚辈，进校的第一天就视老先生为人生楷模，能为老先生写传是我三生有幸、足慰平生。与老先生的每一次交谈，都如沐春风、受益匪浅，那种大智慧、高境界、宽视野，给人无尽启迪。

老先生是我们后辈晚学要穷尽一生去学习的榜样和标杆。在我认识的人中，只要说起老先生，没有一个不竖起大拇指的。老先生的教书育人、科学研究、为人处世等等，我们都难以望其项背。我们也曾感叹，为什么老先生这样的人越来越少？

老先生已经年逾80，但是依然在科学的道路上坚定前行，没有停下追寻的脚步。他的执着精神和人格魅力，随着时间的推移，将成为我们这个时代越来越宝贵的财富。

本书以电子科技大学出版社的《通信人生——中国工程院院士李乐民传略》为基础，进行了适当的修订，增加了大量图片和内容。

特别感谢李乐民院士和夫人彭水贞以及电子科技大学出版社和电子科技大学党委宣传部为本书修订出版提供的帮助，也十分感谢社会各界与读者的支持和厚爱。

陈　伟

2014年3月20日于成都沙河畔

作者简介：

陈伟，笔名一戈，1982年出生于蔡伦故里湖南省耒阳市，获湖南大学新闻学硕士学位，曾在中国国土资源报社工作，曾任湖南长沙电视台编导，现居四川省成都市，任职于电子科技大学。在全国各类报刊媒体发表多种体裁文章20余万字。参与了《中国微波之父——中国科学院院士林为干传略》《通信人生——中国工程院院士李乐民传略》《人生之路——记中国科学院院士刘盛纲》等多部科学家传记写作。